평 신 도 양 육 교 재

예수를 따르는 삶
Life Following Jesus

인도자용

KB205999

하나님의 의를 실천하는 삶

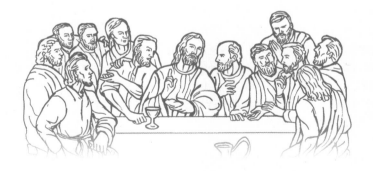

평신도 양육교재
예수를 따르는 삶
하나님의 의를 실천하는 삶

발행일 : 초판 1쇄 인쇄 2008년 8월 21일
　　　　초판 2쇄 인쇄 2013년 7월 8일
　　　　개정판 1쇄 인쇄 2014년 3월 14일
발행인 : 우순태
편집인 : 유윤종
책임편집 : 강신덕
기획/편집 : 전영욱, 강영아
디자인/일러스트 : 최동호, 권미경, 오인표
홍보/마케팅 : 강형규, 박지훈
행정지원 : 조미정, 신지현

펴낸곳 : 도서출판 사랑마루
　　　　서울시 강남구 테헤란로 64길 17(대치동)
대표전화 : TEL (02) 3459-1051~2/ FAX (02) 3459-1070
홈페이지 : http://www.eholynet.org, http://www.ibcm.kr
등록 : 2011년 1월 17일 등록번호/ 제2011-000013호
갑은 뒷표지에 있습니다. 잘못된 책은 구입하신 곳에서 교환해 드립니다.
ISBN : 978-89-7591-313-6 04230

Contents

평신도 양육교재 **예수를 따르는 삶**

- 교육과정개발 : 남은경
- 교재집필 : 안성희 김종윤
- 교재개정 : 박향숙

평신도 양육교재

예수를 따르는 삶
Life Following Jesus

발간사

평신도는 단지 예배 참석자가 아닙니다. 평신도는 목회의 동역자입니다. 평신도가 예수님의 제자로 세움을 입어서 주님의 명령(마 28:18-20)대로 가르쳐 지키게 하는 사명을 감당해야 합니다. 평신도들이 사역의 주체가 될 때, 아름다운 주님의 교회가 세워지고 하나님의 나라가 확장될 것입니다.

교단창립 100주년 교육사업의 일환으로 성결교회 평신도 제자화 교육과정을 개발하고 4종류의 교재를 만들었습니다. 그것은 '새신자교재→세례교재→양육교재→사역교재' 입니다. 교회에 처음 나온 새신자도 반드시 사역자로 양성하겠다는 의지가 담겨있는 시리즈 교재입니다. 이 교재에 담겨있는 핵심 키워드는 '구원→믿음→생활→사역' 입니다.

성결교회의 모든 신자들은 하나님의 은혜로 구원받아 온전한 믿음을 가지고 삶이 변화되어 주님의 사역자로 세움을 입어야 합니다. 교회에서는 새신자들이 새신자교육과 세례교육을 언제든지 받아서 온전한 신앙을 형성할 수 있도록 도와야 합니다. 그리고 양육과 사역교재를 통하여 평신도 사역자를 키워야 합니다. 만약 신앙연수가 오래되었지만 신앙이 성숙치 못한 신자가 있다면, 양육교재와 사역교재를 통하여 건강한 사역자로 세움을 입을 수 있을 것입니다.

성결교회의 새로운 100년을 맞이하면서 목회현장에 실제적으로 도움이 될 교재가 개발된 것은 참으로 기쁘고 감사한 일입니다. 앞으로 평신도들이 주님의 몸 된 교회의 주체가 되고, 역사의 책임 있는 존재가 될 수 있도록 돕는 교재들이 지속적으로 개발될 것입니다. 아름다운 주님의 비전을 꿈꾸며 새 역사의 주인공이 됩시다.

기독교대한성결교회 총무 우순태 목사

일러두기

성숙한 신앙인으로 양육하기

   성숙한 신앙인은 세상 사람들의 눈으로 보기엔 불편하게 사는 사람일 것이다. '주님이 원하시는 삶은 어떤 것일까?' '주님은 이럴 때 어떤 결정을 내리실까?' '내가 진정한 주님의 제자라면 어떻게 행동해야 할까?' 라는 고민을 가지고 사물을 대하고 세상을 살아가기 때문이다. 하지만 궁극적으로는 세상에 대한 이러한 질문, 그리고 그 대답에 따라 불편하더라도 당당하게 살아나갈 때, 우리는 참다운 기쁨이 넘치는 삶을 살 수 있다는 것을 잘 알고 있다. 모든 성결교인들이 이러한 기쁨을 누리며 살기를 바란다. 이를 위하여 양육교재가 도움이 되기를 바라며, 몇 가지 사항을 일러두고자 한다.

   첫째, 본 교재는 성인 양육을 위한 교재이다. 여기에서 성인은 법적으로, 사회적으로, 경제적으로 자립할 수 있는 사람이며, 생물학적으로 아이를 가질 수 있는 육체적으로 성숙한 사람이며, 심리학적으로 청년기를 지나고 삶의 특별한 과정을 경험한 사람이며, 교육적으로 그가 속한 사회와 문화가 마련한 어느 정도의 학교 교육을 성취한 사람이다. 또한 신앙인으로서 자신의 생애를 통하여 삶의 스타일(life style)을 형성해 가는 존재이며, 영적으로 성장 발달해 가는 존재이다.

   둘째, 본 교재는 평신도를 위한 교재이다. 대부분의 내용은 일상생활에서 겪을 만한 상황이나 생각해 보아야 할 만한 주제와 내용을 담고 있다. 여기서 평신도의 의미는 단순히 교회의 구성원 중에서 평범한 사람을 의미하는 것이 아니라 교회의 대부분을 차지하는 구성원으로서 주님의 자녀이며, 제자이고, 교회를 교회되게 이끌어 가야하는 각 지체를 의미한다. 따라서 이 양육의 과정을 통하여 평신도는 더욱 성장하여 목회의 동역자로서 하나님께서 허락하신 사역의 한 부분을 감당할 수 있도록 성숙하여야 한다. 이 교재를 잘 마친다면 교회에서는 집사나 구역장 등의 역할을 맡겨도 될 정도의 훈련이 이루어질 것이다.

   셋째, 본 교재 교육과정의 내용 범위는 교단의 사중복음을 서울신학대학교 성결교회신학연구회가 이 시대의 언어로 표현한 '생명', '사랑', '회복', '공의'의 신학적 설명으로 한다. 그래서 이제까지 성결교회의 교육이 개인의 영혼 구원과 개인적 삶에 있어서의 성결에 집중하였다면, 이제는 사회의 보편 가치들에 대한 복음적 시각을 갖는 데까지 교육의 목표와 장(場)을 확대하고자 한다. 그래서 생활의 모든 영역에서 구체적인 문제와 사회적, 문화적, 윤리적, 정치적, 생태적 차원까지 다루고 있다.

넷째, 이 교재는 단순히 읽기용 책이나 답을 달기 위한 성경공부 교재가 아니라 모임의 참가자들이 함께 각 주제에 따라 고민하고, 결단하고, 실천하는 워크숍 교재에 가깝다. 따라서 참가자의 답 달기와 인도자의 답 해설에 의존하는 다소 구태의연한 성경공부 교재가 아니라 함께 목적을 위하여 삶을 연습해 가는 안내서이다. 이 교재를 바탕으로 서로 격려하고, 섬김을 베풀고, 감사를 표현하는 과정을 통해 더욱 풍성한 하나님의 은혜를 누리게 될 것이다.

이러한 본 교재를 가지고 모임을 인도하게 될 인도자는 비록 목회자이거나 지도자라고 할지라도 무엇인가 지식을 가르치려고만 노력하는 것은 바람직하지 않다. 물론 이 과정을 잘 인도하기 위해서 본 교재의 각 과가 이루고자 하는 목표와 그에 따르는 내용들에 대해서는 철저하고 꼼꼼하게 준비해야겠지만 자신이 깨달은 바를 참가자들도 스스로 깨달을 수 있도록 인도해야 한다. 뿐만 아니라 인도자와 학습자간의 나눔을 통해서 서로의 은혜가 더욱 풍성해 질 수 있도록 배려해야 한다.

이 교재를 통해 자신의 영적인 성숙을 기대하는 학습자들은 단순히 성경의 지식을 더 얻겠다는 정도의 생각으로 임하거나, 성경에서 답을 찾아 빈칸을 채우는 다소 수동적인 자세만을 보이는 것은 바람직하지 않다. 자신의 경험과 생각을 함께 나누고 인도자의 답을 기다리기 전에 먼저 고민하고 성경의 의미를 깨닫기 위해 노력해야 한다. 그리고 결국에는 이러한 모든 것들이 나의 일상생활에서도 실천될 수 있도록 노력하겠다는 다짐 속에서 생활에 임해야 한다.

본 양육교재는 모두 8권, 각 권당 5과 씩, 총 40개의 주제를 다룰 것이다. 적지 않은 양이기는 하지만, 신앙인들이 교회에서나 사회에서 부딪히게 될 모든 주제들이 다 다루어 진 것은 아니다. 하지만 이 40개의 주제를 다루며 배우고, 생각하고, 느끼고, 결단하고, 실천하는 과정을 통해서 한 단계 더 성숙된 신앙인으로 나아갈 수 있는데 도움이 되리라 생각한다.

본 교재를 바탕으로 한 평신도의 양육이 성공적으로 이루어져서 모든 성도들이 교회 뿐만 아니라 가정과 사회에서 주체적 존재가 되며, 성결교회의 교인으로서, 또한 그리스도의 제자로서 확고한 정체성을 갖으며, 마침내 이 땅 위에서 하나님의 뜻대로 살아가고 하나님의 나라를 이루어 내는 하나님의 사람으로 거듭나게 되기를 바란다.

하나님의 의를 실천하는 삶

단원 설명

4단원은 '공의'를 주제로 하고 '하나님의 의를 실천하는 삶'을 목적으로 구성되었다. 여기에서 '공의'란 기독교인이 소망해야 할 예수 그리스도의 '재림'을 통해 이루어질 하나님 나라의 가치를 현대적으로 해석한 주제이다. 본 단원은 예수 그리스도의 '재림'이 무엇인가 하는 교리를 교육내용으로 다루지 않았다. 오히려 예수 그리스도의 '재림'을 믿는 신앙에 근거해서 기독교인의 삶이 어떠해야 하는지 그 실천의 문제들을 다루었다. 이는 본 교재가 기독교인의 기독교적 삶에 목적을 두고 있기 때문이다.

그렇다면 예수 그리스도의 '재림'을 믿는 신앙이란 무엇인가? 소극적 차원으로는, 예수 그리스도의 재림을 통해 이루어질 하나님 나라를 소망하는 것이고, 적극적 차원으로는, 현재의 삶 속에서 하나님 나라가 이루어질 것을 믿고 하나님 나라의 정의를 실천하는 것이다.(박종석.『성결교회 교육의 비전과 실천』 275) 본 단원은 적극적 차원에서 학습자가 하나님 나라의 정의를 실천하는 삶을 살도록 하는 데에 초점을 두었다. 한편 삶의 영역으로 구분해서 볼 때, 4단원은 개인적 삶의 차원에서 하나님 나라의 정의를 실천하는 삶에 대해 다루었다. 보다 큰 사회적 차원에서의 하나님 나라의 정의는 8단원에서 다룬다.

정의로운 삶이란 우리가 소중히 여기는 것들, 이를테면 소득과 부, 의무와 권리, 권력과 기회, 공직과 영광 등을 올바르게 분배하는 것을 말한다. 다시 말해, 각 개인에게 합당한 몫을 나누어주며 사는 것을 말한다. (마이클 샌델. 『정의란 무엇인가』. 33) 그렇다면 개인적 차원의 삶에서 하나님 나라의 정의를 실천하는 기독교인의 삶이란 어떤 삶인가? 그것은 하나님이 언제 어디서나 누구에게나 공정하게 옳은 것을 행하시는 분임을 신뢰하는 것에서 출발하는 삶으로,(이정효. 『성서교육』. 41) 나에게 주어진 소득과 권리, 기회 등을 하나님의 말씀에 근거하여 바르게 나누는 삶을 말한다.

4단원은 모든 기독교인이 개인적인 삶의 영역에서 '하나님의 의를 실천하는 삶'을 살기를 바라며 다음과 같이 구성되었다. 우선 1, 2, 3과는 경제적 삶의 차원에서의 '공의'를 다루었다. 이는 현대인의 삶에 가장 큰 영향을 미치는 주제가 바로 물질, 즉 돈이기 때문이며, 물질을 대하는 태도와 돈을 다루는 방식이 현대인의 기독교적 신앙과 가장 밀접하게 관련을 맺고 있기 때문이다.

1과는 '자족하는 삶'이다. 이 과에서는 바울의 고백처럼, 모든 기독교인이 어떠한 경제적 상황 속에서도 선한 목자가 되시는 하나님을 신뢰함으로써 자족하는 삶을 살 것을 권한다. 2과는 '포기하는 삶'이다. 이것은 하나님께서 공정하게 분배하실 것을 믿는 믿음으로 사는 삶으로서, 이 과에서는 타자를 위해 나의 권리와 우선권을 포기하는 삶을 제안한다. 3과는 '더불어 사는 삶'이다. 자족하고 우선권을 포기하는 믿음을 가졌다면, 마땅히 나의 소유를 나눌 수 있는 삶에 이르게 될 것이다. 이 과에서는 나의 소유의 주인되신 하나님의 뜻에 따라 손을 펴서 가난한 형제들을 돌아보는 삶을 살기를 바란다.

4과는 '하나님의 정의를 선택하는 삶'이다. 하나님의 의를 실천하는 삶이란, 죽음이 다가왔을 때에 나의 삶의 심판주가 되실 주님을 경외하며 그 말씀을 지켜 행하는 삶이다. 따라서 이 과에서는 하나님의 말씀에 순종하는 용기 있는 삶을 제안한다. 5과는 '하나님의 나라를 소망하는 삶'이다. 4과와 같은 맥락 속에서 보다 깊이 자신의 삶을 성찰함으로써 하나님의 나라를 소망하는 삶을 살기로 결단하며 단원을 마무리하게 될 것이다.

자족하는 삶

교육주제 하나님의 은혜 안에서 자족하는 삶

배울말씀 빌립보서 4장 10-20절

도울말씀 삼상 2:12-17

새길말씀 내가 궁핍하므로 말하는 것이 아니니라 어떠한 형편에든지 나는 자족하기를
배웠노니 (빌 4:11)

이룰 목표

① 바울이 어떻게 자족하는 삶을 살 수 있었는지 확인한다.

② 그리스도인의 삶의 특징이 감사임을 깨닫는다.

③ 주 안에서 자족하는 삶을 살 것을 결단한다.

교육흐름표

O.T.   관심   기억   반성   응답

교육진행표

구분	오리엔테이션	관심갖기	기억하기	반성하기	응답하기
제목		우리나라의 행복지수	바울의 자족	여호와는 나의 목자	충분해요? 모자라요?
내용	단원 설명, 자기소개	우리나라의 행복지수가 하위권인 이유를 생각해본다.	바울은 비천과 풍부에 처했을 때 모두 자족하는 삶을 살았다.	자족하는 삶의 비결은 나의 선한 목자이신 하나님을 신뢰하는 것이다.	나의 삶에 대한 시각을 살펴보고 감사한 것을 찾아 고백한다.
방법	강의, 발표	신문기사 읽고 이야기하기	성경 찾아 답하기	성경 찾아 답하기	빈칸 채우며 결단하기
준비물	출석부	빌리보교회, 마게도냐, 데살로니가 사진 행복지수 순위 차트	성경책	성경책	감사 차트
시간	40분	20분	20분	20분	20분

말씀 이해

빌립보서는 바울의 옥중서신 중의 하나로, 바울이 유럽에 세운 최초의 교회인 빌립보교회에 보낸 편지이다. 빌립보교회는 바울이 가장 사랑한 교회로서 특별히 충성된 교인들이 많아 바울의 선교를 돕기 위해 재정적인 후원에 성의를 다한 교회였다. 빌립보서의 마지막 장인 4장은 이제 이 세상에서의 삶이 얼마 남지 않았음을 직감한 바울이 빌립보 교인들에게 감사와 권면을 전하는 내용을 담고 있다.

1. 주 안에서의 기쁨 (빌 4:10-11)

바울은 자신에게 도움을 준 빌립보교회에 감사하면서, 자신의 고난에 함께 동참하고자 한 빌립보교회에 대해 더욱 기뻐하고 있다. 바울은 단지 물질을 후원해 준 것을 감사하는 것이 아니라 그 물질 속에 담겨 있는 빌립보 교인들의 사랑과 신앙 때문에 감사하고 있다. 따라서 그의 기쁨은 주 안에서의 기쁨으로 자신과 빌립보교회가 그리스도로 결속되어 있는 데서 오는 기쁨이다.

2. 내게 능력 주시는 자 안에서 내가 모든 것을 할 수 있느니라. (빌 4:12-13)

바울은 자신의 옥중생활을 걱정하는 빌립보 교인들에게 자신은 복음을 위한 삶을 살아가는 데 있어서 겪게 되는 모든 상황과 관계 속에서 자족할 수 있는 일체의 비결을 배웠다고 전하고 있다(12절). 또한 바울은 자신의 자족의 근원이 모든 일에 있어서 친히 역사하시는 그리스도의 능력을 의지함에 있음을 밝히고 있다(13절). 바울은 꼭 후원에 의존하지 않는다. 그는 궁핍한 것을 견디는 비결을 배웠다. 그러나 그는 또한 후원을 받아들여서 풍족하게 지낼 수도 있다. 그런데 이 모든 것은 바울 자신이 강하고 독립적이어서가 아니고, 그리스도께서 그를 붙잡아 주시고 강하게 해 주시기 때문이었다.

3. 향기로운 제물(빌 4:14-20)

바울은 에바브로디도를 통해 보내온 빌립보(사진 자료) 교인의 실제적인 선물을 받은 후, 이것이 하나님께 드리는 향기로운 제물과 같다고 칭찬한다. 바울이 앞에서 언급했듯이 그는 그에게 능력 주시는 하나님 안에서 모든 것을 할 수 있었지만, 자신의 필요를 공급한 빌립보 교인들에게 깊은 감사의 마음을 표현하고 있다. 그는 특히 과거의 일을 회상하며 그들이 베풀어 준 사랑의 행위에 대하여 일일이 기억하여 감사함을 전하고 있다(18절). 마지막으로 바울은 무엇보다도 하나님께로부터 오는 신령한 복을 기원하고 있다(19-20절).

4. 자족의 비결

본 과에서 다루고자 하는 주제는 바울의 자족이다.

바울은 빌립보 교인들에게 자신이 외부적 환경이나 조건들의 영향을 받지 않는 평안과 감사의 비결을 배웠다고 고백한다. 그런데 이 자족은 욕망을 없애거나 감정을 억눌러서 배운 것이 아니었다. 그 비결은 비천과 풍부라는 어떤 상황 속에서도 그리스도로 인해 자족하는 영적 부요함을 누리는 것이었다. 바울은 예수 그리스도가 어떤 분인지 깨달은 후, 그리스도와 동행하고 그리스도를 소유하게 된 다음부터 세상의 욕망이 없어졌다고 고백한다.

이처럼 기독교인은 비천에 처했을 때는 주님의 함께하심을 더욱 간구하며 감사하고, 또한 풍부에 처했을 때에는 주님을 위하여 그것을 사용함으로써 기뻐할 수 있어야 한다. 따라서 이러한 바울의 자족의 비결은 물질만능주의로 인해 잘못된 물질관을 가지고 살아가는 현대 기독교인들에게 바른 물질관을 제시해 주고 있다.

· 마게도냐(빌 4:15) : 마게도냐는 헬라 본토의 북쪽에 위치했던 지역으로, '숭배'란 뜻을 갖고 있다. 구약에서는 주로 다니엘서에 이 지명이 등장하는데 '놋과 같은 나라'(단 2:39), 표범, 숫염소, 헬라국 등으로도 표기되어 있다. 신약에서는 바울과 밀접한 관계를 맺고 있다. 바울은 이 지방에 여러 번 방문하여 복음을 전파하였다. 뿐만 아니라 복음 증거를 위해 바울이 이곳에 동역자들을 파송하기도 하였다. 한편, 로마서 15장 26절에 의하면 마게도냐교회는 구제에 모범적이었다.

· 데살로니가(빌 4:16) : 데살로니가는 마게도냐의 주요 항구도시로서, 온천 지대로도 유명하다. 바울이 데살로니가에 있는 회당에서 복음을 가르쳤는데, 이때 많은 사람들이 우상에서 돌이켜 하나님을 섬기게 되었다. 바울은 데살로니가에 있을 때부터 빌립보 교인들에게 도움을 받았다.

· 에바브로디도(빌 4:18) : 에바브로디도는 '거룩, 찬양, 매력' 등의 뜻을 가지고 있다. 그는 바울에 의해 빌립보교회에 보냄을 받은 자이다. 바울이 로마 옥중에 갇혀 있었을 때 빌립보 교인들은 바울의 시중을 들기 위해 그들이 모은 헌물과 함께 에바브로디도를 로마로 보냈다. 훗날 바울은 이 헌물을 '향기로운 제물'이라고 높이 평가하였다. 한때 에바브로디도는 중병에 걸렸었는데 하나님께서 긍휼히 여기셔서 바울을 돕는 일을 계속할 수 있었다.

평신도 양육교재

관심갖기

우리나라의 행복지수

다음에 나오는 이야기를 읽고 아래의 질문에 대답해 봅시다.

"한국, 행복지수 36개국 중 27위···1위 호주" 〈OECD〉

OECD는 2013년 5월 28일 36개국의 주거·소득·고용·공동체·교육·환경·시민참여·일과 생활의 균형·건강·삶의 만족도·안전 등 11개 생활영역을 반영하는 지표를 토대로 행복지수(Better Life Index)를 산출해 발표했다.

OECD주요국
행복지수 순위

호주 ①	7.91
스웨덴 ②	7.91
캐나다 ③	7.87
노르웨이 ④	7.85
스위스 ⑤	7.81
미국 ⑥	7.64
덴마크 ⑦	7.63
네덜란드 ⑧	7.55
아이슬란드 ⑨	7.53
영국 ⑩	7.49
일본 ㉑	6.81
한국 ㉗	5.35

0 2 4 6 8

(차트 자료)

조사 대상은 OECD 34개 회원국과 브라질, 러시아다. 각 항목은 10점 만점을 기준으로 했다.

행복지수에 사용된 모든 지표에 동일한 가중치를 부여해 계산한 결과, 한국은 36개국 가운데 27위를 기록했다.

한국은 안전(9.1)과 시민참여(7.5), 교육(7.9) 같은 영역에서는 높은 수준을 보였다. 하지만 주거(5.7)와 고용(5.3), 소득(2.1)에서는 중하위권에, 환경(5.3), 일과 생활의 균형(5.3), 건강(4.9), 삶의 만족도(4.2) 등에서는 하위권에 머물렀다. 특히 공동체(1.6) 지수는 터키(36위), 멕시코(35위)와 함께 최하위권(34위)이었고 일과 생활의 균형 지수도 33위에 불과했다.

연합뉴스 2013년 5월 28일 김효정 기자

1. 한국인의 행복지수가 하위권에 그치고 있는 이유가 무엇이라고 생각하십니까?

각자의 생각을 들어본다.

빈익빈 부익부 현상이 심해지면서 상대적인 박탈감을 느낌, 교육 제도에 대한 불만족, 경쟁 사회에 대한 두려움, 높은 생활비 비용에 대한 불만, 노령화 사회에 따른 복지 제도의 불안 등이 답으로 나올 수 있다.

2012년 한국은 세계에서 일곱 번째로 1인당 국민총소득 2만 달러와 인구 5,000만 명을 동시에 충족시켰음을 의미하는 '20-50 클럽'에 가입했다. 이는 1인당 국민소득은 물론 인구경쟁력도 갖추었다는 의미로, 우리나라가 경제적인 선진국 대열에 진입했다는 신호로 이야기됐다. 하지만 한국인의 행복수준은 경제수준과는 크게 다른 것으로 나타났다.

2005년부터 5년간 행복도를 조사한 UN의 세계행복보고서에 따르면, 한국은 156 개국 중 56위를 차지했다. 2012년에 발표한 OECD의 행복지수에서도 36개 회원 국 중 24위에 머물렀다. 각 조사마다 행복을 측정하는 방법과 조사 인원이 다르기 때문에 차이는 있지만 한국의 경제적 위상과 한국인이 느끼는 행복감에 커다란 괴리가 있다는 것은 분명하다. 그렇다면 한국인은 왜 자신이 행복하지 않다고 느 끼는 것일까? 일리노이대학교 심리학과의 애드 디너 교수는 그 원인으로 한국인 의 높은 물질주의적 성향, 집단주의적 성향, 가치관의 혼란을 지적했다.

김문조 외 공저.(2013).『한국인은 누구인가?』서울: 21세기 북스, 428-432

위의 글에서 보는 바와 같이, 한국인들은 물질을 기준으로 하여 행복을 추구하고, 남과 비교하여 자신의 행복을 평가하려는 경향을 많이 보이고 있음을 알 수 있다. 이런 경향 때문에 한국인들의 행복지수가 낮게 측정되는 것이다.

2. 지금까지 살아오면서 자신이 가장 행복했다고 느꼈던 때는 언제입니까?

각자의 경험을 들어본다.

이번 과의 주제는 어떠한 상황 속에서도 자족하는 삶이다. 행복의 가장 기본적인 자세는 자족이다. 아무리 많은 돈을 가졌어도 그것에 만족하지 못하는 자는 늘 불 행한 자이고, 비록 넉넉지 않지만 가지고 있는 것에 감사하고 거기서 만족을 찾는 자는 행복한 자이다. 바울도 자족의 중요성을 이야기하고 있다. 바울이 이야기하 는 자족하는 삶을 통해, 어떠한 여건 속에서도 감사하며 살아가는 삶을 배워 보자.

1. 바울은 자신의 사역을 돌아보면서 그가 겪은 어려운 과정을 통해 무엇을 배웠다고 전하고 있습니까? (빌 4:11)

어떠한 형편에서도 자족하기

자족한다는 말은 '충분하게 여기는, 자신의 몫에 만족하는'이라는 의미로, 외부에 구애됨이 없이 스스로 만족하며 참 만족과 마음의 평정을 누리는 것을 말한다. 바울은 참 신앙인으로서 자족할 수 있는 원천은 어떠한 환경 속에서도 희망과 소망을 주시는 그리스도의 능력을 의지하는 믿음으로부터 오는 것임을 강조하고 있다. 바울은 복음전파의 사역을 감당하는 동안에 물질적 궁핍함도 겪었고 풍부함도 경험했었다. 그 가운데서 바울은 자족하기를 배웠다고 전한다. 성도는 비천에 처해 있을 때는 더욱 주님의 함께하심을 위해 기도하고, 풍부에 처할 때는 주님께 감사하며 그것을 주님의 일을 위해 사용할 수 있어야 한다. 신앙인들 중에는 비천할 때는 신앙이 좋다가 부유해지면 교만해지는 사람이 있는가 하면, 풍부할 때는 신앙이 좋다가 비천해지면 낙심하는 사람이 있다. 그러나 이는 그리스도인의 올바른 삶이 아니다. 항상 감사하고 기뻐하는 삶이 그리스도인의 삶이다.

2. 바울이 비천에 처했을 때나 풍부에 처했을 때를 통해 깨달은 일체의 삶의 비결이 무엇입니까? (빌 4:13)

능력 주시는 자 안에서 모든 것을 할 수 있다는 믿음

바울이 발견한 자족의 비결은 바로 그리스도 안에서의 자족이었다. 옛날 그리스 철학자들은 인간의 자기 신뢰와 불굴의 용기, 삶의 압박을 고요히 용납한다는 의미로 자족이라는 말을 사용했다. 그러나 바울에게 있어 자족은 자기 자신이 아닌 그리스도에게서 나오는 것이었다. 바울에 의해서 자족은 경건함의 한 요소가 된다. 바울의 철학적인 만족은 하나님과의 새로운 관계에 기반을 두고 있다. 즉 그는 물질의 많고 적음과 무관하게 능력주시는 하나님 안에서 만족했던 것이다. 바울은 자기 자신을 믿지 않고 그리스도를 신뢰하였다. 그는 그리스도와의 연합을 통해 그리스도께서 부단히 공급해 주시는 능력으로 말미암아 비천한 가운데서나 궁핍한 가운데서나 자족할 수 있었던 것이다. 우리는 자족의 근원을 그리스도께 두는 바울의 신앙을 본받아야 한다. 오직 그리스도로부터만 참된 만족이 오기 때문이다. 하나님은 무엇이든지 다 하실 수 있는 분이다.

3. 바울이 누린 자족하는 삶에 빌립보 교인들이 동참하여 칭찬을 받았습니다. 빌립보 교인들은 어떻게 바울의 고난에 참예하였습니까? (빌 4:16)

바울의 쓸 것을 공급하여 주었다.

여기서의 고난은 단순히 경제적인 궁핍이나 어려움뿐만 아니라 복음을 위해 받은 모든 고난을 가리킨다. 빌립보 교인들은 바울에게 여러 번 변치 않는 사랑의 헌물을 보냈다. 그 도움은 시간과 장소를 가리지 않았다. 바울이 데살로니가에 있을 때, 고린도에 있을 때, 그리고 로마의 옥중에서 빌립보서를 쓰고 있을 때에 이르기까지 그들은 자신들의 소유를 제공함으로써 바울을 도왔다. 바울은 그들이 헌물을 통해 자신의 복음전파에 동참한 사실을 칭찬하고 있다. 하나님께서는 인간을 사용하셔서 당신의 섭리를 이루어 가신다. 만일 빌립보 교인들이 바울의 필요를 공급하지 않았더라도 하나님께서는 다른 사람들을 사용하셔서 그 일을 하도록 하셨을 것이다. 따라서 바울을 돕는 일에 참예한 빌립보 교인들 역시 하나님의 쓰임을 받은 자들이라고 할 수 있다. 이처럼 복음 전파를 위해 바치는 헌금과 선물은 그 많고 적음에 상관없이 하나님께 칭찬 받는 일이다. 하나님께서는 반드시 그 일을 기억하신다.

4. 바울이 말한 향기로운 제물은 무엇입니까? (빌 4:18)

빌립보 교인들이 에바브로디도를 통해 바울에게 보낸 물건들

'향기로운 제물'이란 표현은 레위기에서는 하나님을 기쁘시게 하는 제물에 사용되었고, 에베소서 5장 2절에서는 그리스도 자신을 드리는 의미로 사용되었다. 따라서 바울의 이러한 표현은 빌립보 성도들이 바울의 필요를 채우기 위해 전한 선물이 하나님께 기쁘게 드려진 예물과도 같은 것임을 나타낸다.

5. 자족의 삶에 동참한 빌립보 교인들을 바울은 어떻게 축복하고 있습니까?
   (빌 4:19)

그리스도 예수 안에서 영광 가운데서 풍성한 데로 저들의 쓸 것을 채우시기를 바랐다.

바울은 하나님께서 빌립보 성도들의 필요대로 모든 것을 채워 주실 것을 확신하였다. 한편 '모든 쓸 것을 채우시리라.'는 말은 하나님의 축복의 풍성함과 완전성을 나타내는 동시에, 빌립보 성도들이 부족한 형편에서도 선교 헌금을 보내왔음을 내포하는 표현이다. 바울은 행한 대로 갚으시는 하나님께서 빌립보 교인들이 도움을 베푼 사실을 아시고 그들에게 은혜로 갚아 주실 것이라고 확신하고 있다.

1. 다음은 시편 23편입니다. 여호와 하나님께서 시편 기자를 어떻게 대하셔서 시편 기자가 부족함을 느끼지 못하도록 만들어 주셨나요? 해당하는 부분에 밑줄을 그어 본 후, 함께 생각해 봅시다.

---

1 여호와는 나의 목자시니 내게 부족함이 없으리로다
2 그가 나를 푸른 풀밭에 누이시며 쉴 만한 물 가로 인도하시는도다
3 내 영혼을 소생시키시고 자기 이름을 위하여 의의 길로 인도하시는도다
4 내가 사망의 음침한 골짜기로 다닐지라도 해를 두려워하지 않을 것은 주께서 나와 함께하심이라 주의 지팡이와 막대기가 나를 안위하시나이다
5 주께서 내 원수의 목전에서 내게 상을 차려 주시고 기름을 내 머리에 부으셨으니 내 잔이 넘치나이다
6 내 평생에 선하심과 인자하심이 반드시 나를 따르리니 내가 여호와의 집에 영원히 살리로다

• 푸른 풀밭에 누이시며 쉴 만한 물 가로 인도하시는도다 : 안식처를 제공하심

• 내 영혼을 소생시키시고 : 영적인 문제를 해결해 주심

• 의의 길로 인도하시는도다 : 내 삶을 바른 길로 지켜주심

• 주께서 나와 함께하심이라 주의 지팡이와 막대기가 나를 안위하시나이다 : 나의 안전을 지켜주심

• 주께서 내 원수의 목전에서 내게 상을 차려 주시고 기름을 내 머리에 부으셨으니 : 나에게 승리를 주심

시편 23편에서 시편 기자는 "여호와가 나의 목자이기 때문에 부족함이 없습니다. 그뿐 아니라 내 잔이 넘칩니다."라고 고백하고 있다. 그런데 이렇게 고백한 시편

기자의 당시의 상황은 인생의 모든 것이 풍부한 시기가 아니었다. 이 시를 저술할 당시 다윗은 자기를 죽이려고 하는 사울 왕을 3년 동안이나 피해 다니고 있었다. 생명의 위협을 받는 자리에서 다윗은 여호와가 자신의 목자이심을 고백하면서 자신에게 부족함이 없다고 노래했다. 그런데 더욱 중요한 것은 시편 23편에서 '여호와는 나의 목자'라고 고백한 후에도 모든 문제가 없어진 것이 아니라는 점이다. 시편 기자를 괴롭혔던 문제는 그대로 남아 있었다. 하나님을 목자로 모신 이후에도 사망의 음침한 골짜기를 만날 때가 있었고 원수들이 여전히 내 목전에서 나를 삼키려고 으르렁대고 있었다. 하지만 음침한 골짜기를 다닐지라도 하나님이 함께 계신다는 사실을 바라보면서 두려워하지 않는 것이다. 하나님의 자녀가 되었다고 해서 세상의 어려운 문제들이 모두 없어지는 것이 아니다. 어려운 문제를 만나도 하나님이 목자가 되어주셔서 인도해 주시면 무엇이라도 승리할 수 있다는 믿음에서 오는 자족을 누리는 것이다.

2. 만족할 만한 상황임에도 만족하지 못했던 경험이 있나요?

각자의 경험을 나누어 본다.

영적 문제를 가지고 있는 자에게서 나타나는 가장 큰 특징 중에 하나는 만족이 없다는 것이다. 만족이란 결국 감사와 직결되고 감사는 기쁨과 결부되는 것이다. 만족이 없는 신앙생활은 두려움, 무기력, 비관과 허약함 등을 유발하여 신앙생활을 기쁘고 의미있게 할 수 없도록 만든다. 성도는 이 세상에서 항상 부족함만 느끼다가 죽는 사람들이 아니라, 하나님 나라의 백성으로서 특권을 누리면서 사는 사람이다. 비록 환경이 어렵더라도 만족하고 기뻐하고 감사하며 살아가는 사람이다. 물론 소유에 눈을 고정한다면 만족이 나올 수가 없다. 죄와 환경으로 인해 고민하다가 성도가 누려야 할 감사와 기쁨이라는 놀라운 특권을 상실하는 어리석음을 범해서는 안 될 것이다.

평신도 양육교재
응답하기

충분해요? 모자라요?

다음에 나오는 이야기를 읽고 주어진 질문에 대답해 봅시다.

> 유치원에서 산수 시간에 선생님이 "충분해요? 모자라요?"라는 수업을 하고 있었다. 선생님은 어린이가 셋 있고 그네도 셋 있는 그림을 보여주면서 이 세 어린이가 세 대의 그네를 타게 되면 "충분해요? 모자라요?" 하고 물었다. 어린이들은 "충분해요. 충분해요." 대답한다. 다음에 선생님은 네 어린이와 세 대의 그네가 있는 그림을 보여주면서 "충분해요? 모자라요?"라고 물었다. 어린이들은 "모자라요! 모자라요!" 하고 대답했다. 그런데 한 어린이가 "선생님! 충분해요! 충분해요!" 하고 대답하였다. 옆의 친구들이 숫자를 잘못 센 이 어린이에게 틀렸다고 핀잔을 주었다. 선생님이 "어떻게 해서 '충분해요'라고 대답했지?" 하고 물었다. 이 어린이는 "나하고 둘이서 그네에 함께 타면 충분하지요, 뭐!" 하고 대답했다. 다른 어린이들은 숫자로 하는 산수는 잘하였지만 이 어린이처럼 삶을 살아가는 지혜는 잘 알지 못했다. 숫자는 만족을 주지 못한다. 함께 그네 타는 사람, 나눔이 만족을 준다. 그네가 네 대가 아니라 열 대가 있었어도 숫자만 아는 어린이들에게는 만족이 없을 것이다.

1. 같은 그림을 보고 "모자라요."라고 대답한 어린이들과 "충분해요."라고 대답한 어린이의 차이는 무엇일까요?

   같은 상황을 두고 판단하는 시각의 차이, 삶을 대하는 태도의 차이

   충분하다고 말한 어린이는 단지 긍정적인 시선을 가진 것을 넘어서 살아가는 다른 방법에 대해서 알고 있다고 할 수 있다. 충분하다고 말한 어린이는 나눔을 통해 오는 만족을 알고 있었다. 이 어린이는 이 세상을 살아가는 데 있어서 만족의 기쁨

을 누릴 수 있을 것이다. 기독교인들도 주 안에서 나누는 삶을 살아야 하고 이를 통해 만족의 기쁨을 누려야 한다. 바울과 빌립보교회는 넉넉한 형편은 아니었지만 나눔을 통한 자족의 비결을 알고 살았던 사람들이었다.

2. 기독교인으로서 나는 어떤 시각을 가지고 세상과 삶을 바라보고 있나요? 내가 감사하다고 여기는 것을 3가지 정도 적어보고 내 삶의 만족도를 높이기 위해 내가 할 수 있는 일들이 무엇인지 나누어 봅시다.

	감사하다고 여기는 일은 무엇인가요?	어떻게 하면 더욱 감사할 수 있을까요?
1		
2		
3		

(차트 자료)

각자의 상황이나 기대들을 들어본다.

감사를 생활화 한다. 나보다 어려운 이들을 항상 기억하며 산다. 도움을 받기보다 도움을 줄 수 있는 일을 항상 마음에 둔다. 등

'삶의 만족도가 무엇에 따라 달라질 수 있는가?'라는 질문을 통해 그 사람이 제일 중요하게 생각하는 가치관이 무엇인지 발견할 수 있다. 그리스도인은 '항상 기뻐하고 감사하라.'는 성경의 말씀을 기억해야 한다. 바울은 자신이 한 이 말을 삶으로 살아냈다. 바울의 이러한 말과 행동은 바울 자신뿐만 아니라 초대 교회의 많은 성도들에게도 큰 영향을 끼쳤을 것이다. 그리스도 공동체는 서로 기뻐하고 감사할 수 있도록 서로 배려하고 격려해야 한다. 바울과 빌립보교회가 모범을 보였듯이 어려운 상황 속에서도 그리스도의 신앙 안에서 나눔으로 얻을 수 있는 자족의 중요성을 알고 우리도 삶 속에서 실천해야 하겠다.

새길말씀 외우기

내가 궁핍하므로 말하는 것이 아니니라 어떠한 형편에든지 나는 자족하기를 배웠노니 (빌 4:11)

결단의 기도

하나님, 나의 삶에 감사와 만족이 없었음을 고백합니다. 이제 그리스도 예수 안에서 영생을 얻었다는 그 사실 하나만으로도 감사하고 만족하며 살아가게 해 주시옵소서. 예수 그리스도 이름으로 기도합니다. 아멘.

평가하기

평신도 양육교재

평가항목	세부사항	그렇다	그저 그렇다	아니다
인도자의 준비도	인도자는 본 과의 교육목적을 이룰 수 있도록 충분하게 준비했습니까?			
교육목표의 성취도	학습자들이 자신의 삶의 태도를 반성하고 하나님이 우리에게 주신 환경 속에서 감사하며 살기로 결단했습니까?			
학습자의 참여도	학습자들이 진지하고 적극적인 태도로 성경공부에 임했습니까?			
성경공부의 분위기	성경공부를 하는 동안 학습자가 편안한 분위기를 느낄 수 있었습니까?			
기타 보완할 점	기타 보완할 점이나 건의사항이 있습니까?			

2

평신도 양육교재

포기하는 삶

교육주제	양보와 포기를 할 줄 아는 성숙한 믿음을 소유하자.
배울말씀	창세기 13장 1-18절
도울말씀	마 5:38-45
새길말씀	네 앞에 온 땅이 있지 아니하냐 나를 떠나가라 네가 좌하면 나는 우하고
	네가 우하면 나는 좌하리라 (창 13:9)

이룰 목표

① 아브라함과 롯의 관계를 통해 성숙한 믿음이 무엇인지 안다.

② 하나님의 약속에 의지해 나누는 삶이 참된 기독교인의 삶임을 깨닫는다.

③ 이 세상 가치에 얽매이지 않고 하늘의 것을 바라는 성숙한 기독교인이 된다.

교육흐름표

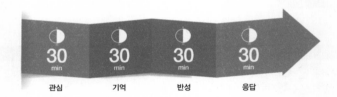

30 min	30 min	30 min	30 min
관심	기억	반성	응답

교육진행표

구분	관심갖기	기억하기	반성하기	응답하기
제목	양보의 신비	아브람의 결단	삭개오와 부자 청년의 선택	천국과 지옥의 차이
내용	예화를 읽고 양보가 삶의 문제를 해결하는 지혜임을 발견한다.	롯에게 선택권을 양보한 아브람이 하나님의 축복을 약속받았다.	부자 청년은 예수님의 제자가 되기를 원했으나 자신의 물질을 포기하지 못했고, 삭개오는 자원하여 물질을 포기하였다.	하늘의 것을 소망하며 이 땅의 물질을 포기할 수 있는 성숙한 믿음을 갖기로 결단한다.
방법	예화 읽고 답하기	성경 찾아 답하기	성경 찾아 답하기	예화 읽고 결단하기
준비물		성경책 아브람과 롯, 소돔과 고모라 그림	성경책 부자청년, 삭개오 그림	
시간	30분	30분	30분	30분

창세기 13장은 믿음의 조상 아브라함의 성숙한 신앙을 그대로 보여주는 좋은 예이다.

1. 애굽에서의 귀환과 분쟁 (창 13:1-7)

애굽에서 아내와 관련한 문제로 인해 실패한 후 하나님의 크신 구원의 손길을 체험한 아브라함이, 가족을 이끌고 다시 가나안땅으로 귀환하게 된다(1-4절). 그런데 집안에 가축이 많아지자 아브라함과 롯의 목자들 사이에서 목초지를 놓고 다툼이 일어난다(5-7절).

2. 선택권을 양보하는 아브라함 (창 13:8-13)

이때 아브라함은 자신의 기득권을 포기하고 조카 롯에게 선택의 기회를 양보하는 성숙한 신앙인의 모습을 보여주었다. 그는 기름진 땅보다는 하늘의 기업을 소망하면서 롯이 왼쪽을 선택하면 자신은 오른쪽을 택하고, 롯이 오른쪽을 택하면 자신은 왼쪽을 택할 것이라고 밝혔다. 이는 이 세상의 가치보다 하나님께로부터 오는 가치를 중요시 하여 문제를 은혜롭게 마무리 지은 행위였다. 사실 아브라함은 조카인 롯을 아들처럼 대하였다. 롯의 아버지인 하란이 죽었을 때 아브라함은 롯을 한 식구로 삼고 친자식처럼 그를 양육하였다. 반면 롯은 아브라함과 함께하는 동안 모든 것이 풍족하였지만 하나님을 신실하게 섬기는 아브라함과 함께하는 삶이 얼마나 중요한 것인지 깊이 인식하지 못했다. 그는 오히려 세속적이고 이기적인 마음에 이끌렸다. 다시 말해서 롯은 영적인 문제에 대해서는 별로 관심을 기울이지 않았다. 이것이 본문에서 말하고자 하는 중심 내용 중 하나이다. 그러므로 본문은 육적이고 세속적인 믿음을 가진 롯과 영적이고 성숙한 믿음을 가진 아브라함을 분명하게 대조시켜 보여준다.

3. 반복되는 하나님의 약속 (창 13:14-18)

본문은 사심 없는 성숙한 믿음과 이기적인 믿음을 대조시켜 보여주면서 이들이 초래한 상반된 결과도 생생하게 보여준다. 양보하는 성숙한 믿음을 소유한 아브라함은 순간적인 손해가 있었던 것 같지만 결국 하나님께로부터 오는 위로와 도움을 받아 풍요로운 삶을 보장 받게 되는 반면(14-18절), 세상적인 안목을 좇아 소돔 땅을 선택한 롯은 결국 비극적인 결말을 맞고 말았다(창 14:12; 19:24-26).

4. 화평을 중요시 하는 성도

하나님을 믿는 성도들은 언제나 평화를 사랑하는 온유한 백성이 되어야 한다. 기독교인들은 축복을 받을수록 베풀고 양보하는 삶을 살아야 한다. 당장에 보기에는 양보하는 일이 많은 불이익을 감수해야 하는 것 같지만, 오히려 하나님께로부터 오는 보이지 않는 무형의 자산을 받게 된다는 사실을 기억해야 한다.

평신도 양육교재
관심갖기
양보의 신비

아래의 이야기를 읽고 주어진 질문에 답해 봅시다.

> 부유하지는 않지만 세 아들과 함께 어질게 살아가는 노인이 있었습니다. 세월이 흘러 죽음을 앞에 둔 노인이 세 아들에게 다음과 같은 유언을 남겼습니다.
>
> "너희들도 아는 것처럼 나에게는 17마리의 말이 있다. 그 말 17마리를 잘 나누어서 큰 아들 너는 1/2을 가지고, 둘째는 1/3을, 막내는 1/9을 가져라."

삼형제는 슬픔을 달래며 아버지의 장례를 치렀습니다. 그리고는 아버지의 유언대로 말 17마리를 놓고 계산을 했습니다. 그런데 아버지의 말씀대로 따르자니 문제가 생겼습니다. 큰 아들은 17의 1/2이 8.5이니 9마리를 갖겠다고 했습니다. 둘째가 형의 욕심이 지나치다면서 이를 반대했습니다. 그러면서 17의 1/3이면 5.5가 넘으니 6마리를 가지겠다고 했습니다. 막내는 17의 1/9이면 1.9이니 2마리를 가지겠다고 했습니다. 형제들은 점점 소리를 높이며 싸웠습니다. 심지어는 자신이 갖지 못할 바에는 말을 죽여서라도 계산대로 나누어 갖자고 했습니다. 이렇게 삼형제가 소리를 높여 다투고 있을 때, 어떤 목사님이 그 앞을 지나가게 되었습니다. 그리고 삼형제로부터 무슨 이유 때문에 싸우고 있는지 이야기를 듣게 되었습니다. 그리고는 빙그레 웃으며 자기가 문제를 해결해 주겠다고 했습니다. 목사님은 먼저 자기가 타고 온 말을 삼형제에게 주었습니다. 그러자 말이 18마리가 되어서 형제들이 소원대로 각각 9마리, 6마리, 2마리씩 나누어 가질 수 있었습니다. 그런데 이상한 것은 그들이 처음 요구대로 나누어 가졌어도 1마리가 남았다는 것입니다. 그제야 삼형제는 그 1마리를 목사님에게 되돌려 주었습니다. 그제서야 형제들은 아버지께서 '서로 양보하면 어려운 문제도 해결할 수 있다'는 것을 가르쳐 주고 싶어하셨다는 것을 깨달았습니다.

1. 삼형제는 어떻게 하여 서로가 모두 만족하는 결과를 얻었나요?

한 사람의 양보(혹은 배려)를 바탕으로 한 지혜로운 생각으로

위 이야기는 인간의 이기심을 꼬집어 사랑과 양보의 가치를 가르쳐 주고 있다. 사랑과 양보는 수학과 과학과 이성의 치밀한 논리에서 얻을 수 없는 더 한 차원 높은 삶의 지혜를 준다.

2. 한 사람의 양보가 다른 많은 사람들에게 도움을 줄 수 있는 경우를 이야기해 봅시다.

각자의 생각을 나눈다.

경찰이 교차로에서 일명 '꼬리 물기'를 단속하곤 한다. '꼬리 물기'란 신호가 바뀔 줄 알면서도 교차로에 진입해 다른 차들의 진행을 방해하여 교통 체증을 유발하고 결국 자기 자신도 지체하게 되는 교통법규 위반 행위이다. 나는 급하니까 다른 사람에게 피해를 주더라도 조금이라도 빨리 가야겠다는 생각에서 나온 얌체 행위이다. 차로 붐비는 교차로에서 '내가 조금 기다렸다가 가자.' 하는 생각을 실천하는 것만으로도 전체 교통을 원활하게 할 수 있다.

기억하기 평신도 양육교재

아브람의 결단

1. 애굽에서 돌아온 아브람과 롯 사이에 어떤 문제가 발생하였습니까? (창 13:7)

그들이 동거할 땅이 넉넉하지 못해서 아브람의 가축의 목자와 롯의 가축의 목자가 서로 다투게 되었다.

아브람과 롯 사이에서 일어난 분쟁은 아브람의 목자와 롯의 목자들이 목초와 우물, 좋은 땅을 두고 서로 차지하려고 한 이기심에서 비롯되었다. 팔레스틴의 고지대에는 목초지가 부족했다. 더구나 그 땅에는 아브람과 롯의 집안만 거주한 것이 아니라 가나안 사람과 브리스 사람들도 같이 있었다(7절). 다시 말해 이방인의 목전에서 하나님의 약속을 받은 백성들이 서로 다투는 추태를 보이게 된 것이다.

2. 그 분쟁을 끝내기 위해 아브람이 롯에게 무엇을 제안하였습니까? (창 13:9)

네 앞에 온 땅이 있지 아니하냐 나를 떠나가라 네가 좌하면 나는 우하고 네가 우하면 나는 좌하리라

아브람은 하나님께로부터 선택된 백성들이 이방인 앞에서 서로 다투는 것을 용납할 수 없었다. 결국 아브람은 이 문제를 해결하기 위해 별거를 제안하게 된다. 더 나아가 그는 이 분쟁을 해결하기 위해 숙부요 일행의 지도자로서의 기득권을 포기하고 롯에게 지역의 우선선택권을 양보한다. 그는 좋은 땅을 롯에게 양보하고 자신은 차선을 선택하겠다고 제안했다. 아브라함은 물질보다 인간관계를 중시했다. 화평을 중시하고 남을 자신보다 먼저 생각하는 마음. 이것이 기독교인들에게 요구되는 기본적인 덕목이다. 사도 바울도 "할 수 있거든 너희로서는 모든 사람으로 더불어 평화하라(롬 12:18)."라고 전하고 있고, "아무 일에든지 다툼이나 허영으로 하지 말고 오직 겸손한 마음으로 각각 자기보다 남을 낫게 여기고, 각각 자기 일을 돌볼 뿐더러 또한 각각 다른 사람들의 일을 돌보아 나의 기쁨을 충만하게 하라(빌 2:3-4)."라고 명령하고 있다.

그런데 아브람이 이런 이타적인 제안을 할 수 있었던 이유는 무엇보다도 하나님께 대한 성숙한 믿음을 가지고 있었기 때문이었다. 그는 창세기 13장에서 필요한 것을 채워주시는 하나님을 믿지 못하고 애굽으로 내려갔을 때에 겪었던 일을 통하여, 하나님이 자신을 돌보아 주시고 필요한 것을 채워주실 것이라는 믿음을 갖게 되었다. 이런 믿음이 있었기에 아브라함은 롯에게 선택권을 양보할 수 있었다. 사람은 영적인 단계가 높아질수록 세상 재물에 영향을 받지 않는 성숙한 믿음을 갖게 된다.

3. 아브람과 롯(그림 자료)의 분쟁을 종식시킨 아브람의 제안이 가져온 결과는 무엇입니까? (창 13:10-11)

롯이 물이 넉넉하고 여호와의 동산 같고 애굽 땅과 같았던 소돔과 고모라(그림 자료)가 있는 소알 땅을 선택하였다.

'눈을 들어 보았다'는 것은 세상적인 이해관계를 기준으로 판단하였다는 의미이다. 본문의 '롯이 ... 택하고'를 직역하면 '롯이 자기 자신을 위하여 ... 택하고'이다. 즉 롯은 심사숙고하여 자신의 이익을 최대한 확보할 수 있는 결정을 한 것이다. 물이 넉넉하다는 것은 요단강으로부터 많은 물을 공급 받아서 땅이 비옥했음을 의미하는데, 그 땅의 비옥함이 에덴동산과 애굽땅의 비옥함과 비교되었다. 에덴동산은 네 강의 발원지(비손, 기혼, 힛데겔, 유브라데)를 포함하고 있기 때문에 매우 비옥했다(창 2:10-14). 이렇게 눈으로 보이는 것만을 가지고 판단하는 것이 이 세상에만 소망을 두고 살아가는 유한하고 어리석은 인간의 속성이다. 그러나 성숙한 믿음을 가진 자는 보이는 것으로만 가치를 판단하지 않고, 보이지 않는 것, 영원한 것, 하나님이 약속하신 것을 대망해야 한다(히 11:1-3). 비록 물질적으로는 풍부했지만 소돔 사람들은 하나님께서 보시기에 악한 자들이었고 큰 죄인이었다(창 13:13). 자신의 이익과 겉모습만 중시했던 롯의 눈에는 소돔 땅의 풍요로움만 들어왔지 소돔의 악함은 보이지 않았다. 즉, 롯은 물질적인 풍요만을 맹목적으로 추구했을 뿐, 소돔과 고모라의 죄악이 자신의 가족의 영적인 삶에 어떤 영향을 미치게 될지는 생각하지 않았다.

4. 양보를 통해 분쟁을 종식시킨 아브람에게 하나님은 무엇을 약속하십니까?
   (창 13:15-16)

보이는 땅을 내가 너와 네 자손에게 주리니 영원히 이르리라 내가 네 자손이 땅의 티끌 같게 하리니 사람이 땅의 티끌을 능히 셀 수 있을진대 네 자손도 세리라

아브람이 하나님께 성숙한 믿음에 대한 보상을 받고 있다. 하나님께서는 아브람에게 이전에 주셨던 약속들에 대한 강한 확신과 비전을 다시 한 번 확인시켜 주신다. 이는 롯과 헤어진 이후의 상황이다. 아브람은 일시적으로 물질적인 손해를 보았지만 그는 하나님의 약속과 도움에 힘입어 풍요로운 삶을 보장 받았다. 그러므로 성도들은 지나치게 현실적인 이익을 추구하는 이해타산적 삶을 살아서는 안

된다. 우리는 하나님의 영광과 이웃 및 친척과의 화평을 위해 희생하고 양보한 아브라함처럼 살 때, 세상이 주지 못하는 하늘의 기쁨과 약속을 받아 누릴 수 있게 된다. 만물의 주시요 창조주이신 하나님과 함께하는 자가 진정 부요한 삶을 누릴 수 있다.

반성하기
평신도 양육교재

삭개오와 부자 청년의 선택

다음은 삭개오와 부자 청년의 이야기를 대비해 놓은 것입니다. 이들의 운명에 차이가 나게 된 이유는 무엇일까요?

부자 청년 (마태복음 19장)

[16] 어떤 사람이 주께 와서 이르되 선생님이여 내가 무슨 선한 일을 하여야 영생을 얻으리이까 [17] 예수께서 이르시되 어찌하여 선한 일을 내게 묻느냐 선한 이는 오직 한 분이시니라 네가 생명에 들어가려면 계명들을 지키라 [18] 이르되 어느 계명이오니이까 예수께서 이르시되 살인하지 말라, 간음하지 말라, 도둑질하지 말라, 거짓 증언하지 말라, [19] 네 부모를 공경하라, 네 이웃을 네 자신과 같이 사랑하라 하신 것이니라 [20] 그 청년이 이르되 이 모든 것을 내가 지키었사온대 아직도 무엇이 부족하니이까 [21] 예수께서 이르시되 네가 온전하고자 할진대 가서 네 소유를 팔아 가난한 자들에게 주라 그리하면 하늘에서 보화가 네게 있으리라 그리고 와서 나를 따르라 하시니 [22] 그 청년이 재물이 많으므로 이 말씀을 듣고 근심하며 가니라 [23] 예수께서 제자들에게 이르시되 내가 진실로 너희에게 이르노니 부자는 천국에 들어가기가 어려우니라

삭개오 (누가복음 19장)

1] 예수께서 여리고로 들어가 나가시더라 [2] 삭개오라 이름하는 자가 있으니 세리장이요 또한 부자라 [3] 그가 예수께서 어떠한 사람인가 하여 보고자 하되 키가 작고 사람이 많아 할 수 없어 [4] 앞으로 달려가서 보기 위하여 돌무화과나무에 올라가니 이는 예수께서 그리로 지나가시게 됨이러라 [5] 예수께서 그곳에 이르사 쳐다보시고 이르시되 삭개오야 속히 내려오라 내가 오늘 네 집에 유하여야 하겠다 하시니 [6] 급히 내려와 즐거워하며 영접하거늘 [7] 뭇 사람이 보고 수군거려 이르되 저가 죄인의 집에 유하러 들어갔도다 하더라 [8] 삭개오가 서서 주께 여짜오되 주여 보시옵소서 내 소유의 절반을 가난한 자들에게 주겠사오며 만일 누구의 것을 빼앗은 일이 있으면 네 갑절이나 갚겠나이다 [9] 예수께서 이르시되 오늘 구원이 이 집에 이르렀으니 이 사람도 아브라함의 자손임이로다 [10] 인자가 온 것은 잃어버린 자를 찾아 구원하려 함이니라

부자 청년(그림 자료)에게는 아직 예수님을 따르는 삶보다 재물이 중요했지만, 삭개오에게는 다른 어떤 것보다 예수님의 말씀에 순종하고 따르는 것이 중요했다.

삭개오(그림 자료)는 예수님을 만난 후, 자신의 관심을 세상적인 재물에서 구원으로 옮기게 되었다. 하늘에서 오는 구원에 관심을 두게 된 삭개오에게 이제 재물은 별로 중요하지 않았다. 그는 소유의 절반을 가난한 자들에게 주고 자신이 빼앗은 것에 대해서는 네 배로 갚아 주겠다고 선언한다. 반면 아직 예수님을 온전히 만나지 못한 부자 청년은 소유를 팔아 가난한 자들에게 주면 하늘의 보화를 얻게 될 것이라는 예수님의 제안에 대해 근심하며 돌아가게 된다. 그는 하늘의 보화보다 땅의 재물에 더 큰 가치를 두었기 때문이다. 예수님을 온전히 만나거나 만나지 못한 차이는 하늘의 것을 바라보느냐 땅의 것을 바라보느냐의 차이로 나타나게 되었고, 이를 통해 초래될 결과의 차이는 더욱더 분명하게 나타나게 되었다. 하늘의 가치, 예수님의 삶을 좇는 사람은 결단하고 포기하는 삶을 살 수 있다.

천국과 지옥의 차이

다음의 이야기를 읽고 주어진 질문에 답해 봅시다.

어떤 목사님이 하나님께 천국과 지옥에 대하여 알려 달라고 간절히 기도했다.

그러자 하나님께서 그 목사님을 두 개의 큰 방이 있는 곳으로 데리고 가셨다. 그는 하나님의 인도로 첫 번째 방 안에 들어가게 되었다. 그 방 한가운데에는 맛있는 요리가 담긴 커다란 냄비가 불 위에서 끓고 있었다. 그리고 많은 사람들이 저마다 긴 수저를 들고 냄비 주변에 앉아 있었다. 그들은 저마다 긴 수저를 냄비에 넣고 음식을 열심히 푸고 있었다. 그런데 이상하게도 그 방 안에 있는 사람들의 얼굴이 모두가 다 창백하고 피골이 상접하여 비참했다. 왜냐하면 그들의 수저가 너무 길어서 아무도 음식을 먹을 수 없었기 때문이다.

하나님은 목사님에게 또 다른 방을 보여 주셨다. 그 방 안에도 역시 맛있는 음식과 긴 수저를 든 사람들이 있었다. 그런데 이 방 안의 사람들은 처음 방 안의 사람들과 다르게 보였다. 모두가 얼굴에 기쁨이 있고 살찌고 건강해 보였다. 왜냐하면 그 방 안의 사람들은 자신의 배를 채우려 애쓰지 않고 긴 수저로 서로 상대방을 먹여주고 있었기 때문이다.

천국은 어쩌면 사랑으로 채워지는 양보의 귀함을 아는 자들의 모임일 것이다.

1. 기독교인들이 성숙한 신앙을 가지고 천국을 미리 경험할 수 있는 삶에는 어떤 것들이 있을까요?

평화를 위해 양보하는 것, 상대방을 먼저 생각하는 것, 남을 나보다 낮게 여기는 것, 누가 우리보고 5리를 같이 가자고 하면 10리를 같이 가는 것, 이런 것들이 우리를 성숙한 신앙인으로 자라게 하여 천국을 미리 체험할 수 있게 할 것이다.

눈앞의 이익에만 관심을 갖다가 결국 그 속에 숨어있는 죄악을 발견하지 못한다면 성숙한 신앙인이라고 할 수 없다. 성숙한 신앙인은 눈앞에 보이는 현실 너머에 숨어 있는 하나님의 뜻을 발견할 수 있어야 한다.

2. 하늘의 것을 바라보지 못하게 하여 양보하고 배려하는 삶을 살지 못하도록 하는 것 들에는 어떤 것들이 있을까요?

자녀교육문제, 주택문제, 승진문제 등

현실과 직접적으로 연관된 문제들보다 하늘의 것을 먼저 생각하는 것이 쉬운 일이 아니다. 당장 눈앞에 보이는 것에 관심을 갖는 것이 인간의 본성이기 때문이다. 그러나 믿음은 보이는 것보다 보이지 않는 것에 더 큰 가치를 부여하는 것이다. 이것이 결국 하나님을 기쁘시게 하는 행위이다(히 11장). 이제 각각의 삶 속에서 구체적으로 결단해야 한다. 특히 물질적인 것을 맹목적으로 추구하면 그 속에 숨어 있는 죄악된 본성이 성도들의 영적 생활에 얼마나 큰 악영향을 미치는지 알아야 할 것이다. 그리고 양보하고 포기하는 성숙한 신앙인의 자세를 갖도록 노력해야 한다.

3. 참되고 진실된 하나님의 나라를 위해 내가 나누고 배려하며 포기해야 할 것들은 어떤 것인지 아래의 빈칸에 다짐하는 문장을 작성해 봅시다.

> 세상에 살면서 양보를 통해 분쟁을 해결하고 하늘의 것을 바라보는 성숙한 신앙을 갖기가 힘듭니다. 그러나 이제 이 세상의 가치보다 하나님의 약속과 말씀에 가치를 두고 사랑하고 양보하며 살겠습니다.

새길말씀 외우기

네 앞에 온 땅이 있지 아니하냐 나를 떠나가라 네가 좌하면 나는 우하고 네가 우하면 나는 좌하리라 (창 13:9)

결단의 기도

거룩하신 하나님, 우리가 세상과 세상에 속한 부귀, 영화, 쾌락 그리고 소유를 향한 갈망으로부터 구별되어 하나님의 임재와 권능을 체험케 하시고, 전적으로 하나님께 맡기고 하나님과 하나님의 약속을 구하는 자가 되게 하여 주시옵소서. 예수님 이름으로 기도합니다. 아멘.

평신도 양육교재
평가하기

평가항목	세부사항	그렇다	그저 그렇다	아니다
인도자의 준비도	인도자는 본 과의 교육목적을 이루기 위해 충분히 준비했습니까?			
교육목표의 성취도	학습자들이 자신의 삶의 태도를 반성하고, 그리스도인답게 남에게 양보하고 배려하며 하나님을 위해 기꺼이 포기하기로 결단하였습니까?			
학습자의 참여도	학습자들이 진지하고 적극적인 태도로 성경공부에 임했습니까?			
성경공부의 분위기	성경공부를 진행하는 동안의 분위기가 자연스럽고 편안했습니까?			
기타 보완할 점	기타 보완할 점이나 건의사항이 있습니까?			

더불어 사는 삶

교육주제 가난한 자들을 돌아보아 나누는 삶을 살자.

배울말씀 신명기 15장 7-18절

도울말씀 레 19:35-37

새길말씀 네 하나님 여호와께서 네게 주신 땅 어느 성읍에서든지 가난한 형제가
너와 함께 거주하거든 그 가난한 형제에게 네 마음을 완악하게 하지 말며
네 손을 움켜 쥐지 말고 반드시 네 손을 그에게 펴서 그에게 필요한 대로
쓸 것을 넉넉히 꾸어주라 (신 15:7-8)

이룰 목표

① 모든 물질의 주인이 하나님임을 인식한다.

② 가난한 자를 돌아보는 것이 하나님의 명령임을 깨닫는다.

③ 모든 물질의 주인이신 하나님의 뜻에 따라 더불어 사는 삶을 산다.

교육흐름표

20 min	40 min	40 min	20 min
관심	기억	반성	응답

교육진행표

구분	관심갖기	기억하기	반성하기	응답하기
제목	부의 공정한 분배	네 손을 펼지어다	한국판 '장발장'	웨슬리의 생활비
내용	신문기사를 읽고 한국의 계층간 소득분배의 양극화의 원인을 찾아본다.	신명기의 구제에 관한 율법을 보면 하나님은 백성들에게 사회의 공정한 부의 분배를 명령하셨다.	한국판 '장발장' 전모씨를 도와준 검사 이야기를 읽고, 구제에 대한 자신의 태도를 돌아본다.	최대한 구제하며 살았던 웨슬리의 이야기를 읽고, 구제를 실천하기로 결단한다.
방법	신문 기사 읽고 답하기	성경 찾아 답하기	예화 읽고 생각 나누기	예화 읽고 결단하기
준비물		성경책		웨슬리 그림
시간	20분	40분	40분	20분

말씀 이해

　빈부의 격차는 우리 삶에서 실제적인 문제이다. 더욱 큰 문제는 가난이 대를 이어 계속된다는 점이다. 가난한 사람들의 자녀들은 교육이나 훈련을 받을 기회가 부유한 사람보다 상대적으로 적기 때문에 그들 역시 가난하게 될 확률이 높다. 따라서 빈부의 격차는 이 사회가 해결해야 할 가장 중요한 문제 중에 하나이며, 기독교도 이 문제에 대하여 적절한 해답을 제시해야만 한다.

1. 요구대로 쓸 것을 넉넉히 주어라.

　그러나 신명기 15장은 "땅에는 언제든지 가난한 자가 그치지 아니할 것이니라(11절)."라고 선언하면서, 땅 위에는 항상 가난한 사람들이 존재하기에 그들에게 마음을 강퍅히 하지 말고 그들의 요구대로 쓸 것을 넉넉히 꾸어 주라고 명령하고 있다(7-8절). 이러한 가난한 자에 대한 규정은 고대 근동지방에 일반적으로 존재하였던 것이다. 그러나 구약에 나타난 규정은 단순히 인도적인 차원을 넘어서 이 문제를 하나님의 구원의 사역과 관련시켜서 신앙적인 차원으로 다루고 있다.

2. 하나님의 구원을 기억하라.

　신명기에 나타난 가난한 자를 구제하라는 명령은 출애굽을 절정으로 하는 하나님의 구원 사실에 근거하고 있다(15절). 즉, 하나님이 이전에 이스라엘 백성을 출애굽시킴으로 노예에서 구원해 주신 과거의 사건을 기억하며 하나님께 감사할 뿐만 아니라, 앞으로의 구원을 소망하면서 이웃을 향하여 사랑을 실천해 나갈 것을 명령하고 있다. 특히 신명기는 구제를 단순히 물질적인 도움으로 국한하지 않고, 구제하는 자의 마음을 더 중요시 하고 있다. 그러므로 하나님의 은혜로 구원받은 이스라엘 백성들은 자신의 손해를 감수하고서라도 가난한 자를 구제함으로써 하나님이 주신 구원의 가치가 얼마나 큰 것인지를 깨닫고, 그러한 구원의 은혜를 이웃에게 전하는 기회를 가져야 했다.

본 과에서는 가난한 자를 구제할 수 있는 방법을 생각해 보고 사회에서 공평하고 평화롭게 공동체 생활을 영위하는 기독교인의 삶을 살 것을 결단하게 될 것이다.

평신도 양육교재

관심갖기

부의 공정한 분배

아래의 이야기를 읽고 주어진 질문에 대답해 봅시다.

"상승하는 국민소득…갈라지는 계층소득"
근로소득 2만달러 돌파 체감온도는 최악

양극화 심각한 수준…가계부채·경기침체 주원인

◇ 1인당 소득 24,000달러 돌파

1인당 국민총소득이 24,000달러의 수준에 달했다. 이는 사상최대치다. (중략) 사실 2차 세계대전 이후 독립 국가 가운데 2만 달러를 넘긴 나라는 한국이 유일하다. 또 금융위기 이후 침체됐던 상황에서 정상과정에 돌입했다는 점도 큰 의미를 가진다. 한국경제가 더 성장하여 3만 달러에 근접하면 선진국 대열에 진입할 수 있다. 그러나 이같은 수치에도 불구하고 '체감온도'는 현저하게 낮다는 의견이 지배적이다. 분배지표는 뒷걸음치면서 계층 간에 심각한 양극화 현상을 보이고 있기 때문이다. (중략)

◇ 소득분배 계층간 차이 크게 벌어져

통계청이 5분위로 나눈 소득분배 지표를 보면 올해 9월말 기준으로 고소득층과 저소득층의 소득이 5.05배 차이가 난다. 지난해(4.98배)보다 더 커진 셈이다. 이 때문에 저소득층은 "무슨 소리냐."며 현저하게 낮은 체감도에 불만을 드러내고 있는 것이다. 특히 통계청 집계 결과 지난해 임금은 소폭 상승했다. 올해도 이 같은 추세를 보이고 있다. 임금 상승폭은 있지만 분위별

계층간 격차가 벌어지면서 소득이 오른 계층보다 안 오른 계층이 많은 것도 이유다. 계층간 소득 체감이 다른 이유는 가계부채다. 고소득층의 가계부채는 3월말 기준으로 1억3,721만원으로 지난해보다 줄었다. 반면 저소득층의 가구 부채는 1,246만원으로 24% 가량 늘어났다. 소득이 높아져도 결국 부채를 갚는 데 사용해 왔기 때문에 체감온도는 낮을 수밖에 없는 상황이다. (후략)

뉴스웨이 2013년 12월 3일자. 최재영 기자

1. 위 기사 내용처럼 우리나라의 부가 잘 분배되지 않는 이유가 어디에 있다고 생각하십니까?

각자의 생각을 나누어 보자.

빈부의 격차의 문제는 인류의 역사가 시작된 이후 항상 있었던 미결의 문제이다. 그렇다면 기독교인 역시 빈부의 문제를 미결의 문제로 남겨 둘 것인가를 질문하면서 그 답을 신앙적인 면에서 찾을 수는 없는 지 살펴보기로 한다.

2. 빈부의 격차를 해소하고 공정하게 분배하기 위해 기독교인이 할 수 있는 일은 무엇일까요?

각자의 의견을 들어 본다.

성경에는 하나님이 주신 땅에서 가난한 사람이 없게 하라는 명령이 있다. 보다 구체적으로는 같은 이스라엘 백성들에게는 이자를 받을 수 없었고, 매 3년째 되는 해에는 구제를 위한 십일조를 바쳐야 했으며, 매 50년이 되면 희년이라는 행사를 통해 조상들에게 물려받은 땅을 다시 돌려주는 관습이 있었다. 이런 것들이 빈부의 격차를 해소하고 공정하게 분배하기 위한 노력들이었다고 할 수 있다(레 25장; 신 23–24장). 실로 정치와 학문에서 일상에 이르기까지 온 세상이 거짓투성이다. 대기업에서부터 동네 가게에 이르기까지, 대학교에서 유치원에 이르기까지, 고령 노인에서 어린이에 이르기까지 거짓이 우리 일상 깊숙이에 뗄 수 없는 한 부분처럼 붙어 있다. 이 사회에서 정직하고 바르게 살아서는 이 세상에서 살아남을 수 없는 것처럼 보인다. 이러한 세상 속에서 기독교인의 삶은 어떠해야 할까? 단순히 비판하고 험담하기 위함이 아니라, 현실의 상황을 명확히 인식하는 시간이 되도록 하자.

기억하기
평신도 양육교재

네 손을 펼지어다

1. 신명기 율법에서, 여호와께서 주신 땅에서 가난한 자에게 해서는 안 되는 일이 무엇이라고 말하고 있습니까? (신 15:7)

마음을 완악하게 하지 말며 네 손을 움켜쥐지 말라

이 구절의 의미는 남에게 필요한 것을 꾸어주는 데 인색하지 말라는 것이다. 이 율법은 물질에 앞서서 먼저 마음의 문제를 다루고 있다. 하나님은 언제나 가난한 자들을 염두에 두셔서 그들을 배려하려고 명령하셨다. 특히 하나님은 가난한 이웃을 대할 때에 마음을 강퍅하게 하지 말 것을 당부하셨다. 마음이 강퍅해서 궁핍한 이웃을 긍휼히 여기지 않는 자는 하나님께 자비를 구할 수 없다. 오늘날 많은 사람들이 이기주의의 풍조에 매몰되어 이웃에 무관심하게 살아간다. 본문의 말씀은 점점 강퍅해져 가는 이 세대를 향해 매우 크고 중요한 가르침을 준다.

2. 제 칠년 면제년(안식년)이 다가올 때 이스라엘 백성이 갖지 말아야 할 생각은 어떤 것입니까? (신 15:9)

궁핍한 자에게 악한 마음을 품고 아무것도 주지 않으려는 생각

여기서도 물질적인 면이 아니라 심리적인 면을 주로 다루고 있다. 면제년이란 매 7년마다 채권자가 채무자의 채무를 무조건적으로 면제시켜주는 때다. 그런데 본 문에서는 면제년 명령의 본질을 왜곡하고 그릇 행하는 사례에 대해 언급하고 있다. 면제년은 본래 가난한 자가 부요한 자의 것을 함께 나눌 수 있게 하기 위해 마련된 제도인데, 면제년에는 채무를 면제해 주어야 하기 때문에 면제년 직전에 빚을 주지 않는다거나 면제년이 오기 전에 빚을 받아 내기 위해 가난한 이웃을 다그치는 일이 생길 수가 있을 것이다. 신명기는 이런 행동을 악의가 동반된 행위로 보고 이를 금지하고 있다.

3. 신명기 율법은 궁핍한 형제에게 아무것도 주지 않는 자에게 무엇을 경고하고 있습니까? (신 15:9)

여호와께 죄를 얻는다.

궁핍한 형제에게 필요한 것을 주지 않는 것이 그를 해하는 것은 아니므로 죄가 되지는 않는다고 생각할 수 있지만, 성경은 이 같은 행동이 노예였던 자신을 구해 주신 하나님의 구원의 은혜를 잊어버린 망각행위이기 때문에 죄를 얻게 된다고 말씀하신다. 하나님께 받은 구원의 은혜를 망각한다는 것은 자신이 홀로 살수 있다고 생각하는 교만의 증거로써 하나님은 이런 교만한 자를 물리치실 것이다. 또한 하나님은 억울함을 호소하는 가난한 자들의 부르짖음을 결코 외면하지 않으신다. 하나님은 면제년의 규례를 악용하여 가난한 자를 돌아보지 않으면 반드시 이를 정죄하시겠다고 말씀하셨다. 따라서 그 땅에서 사는 사람들은 하나님의 구원의 은혜에 보답하는 마음으로 가난한 이웃을 돌아보는 삶을 살아야만 했다.

4. 구제할 때에 가져서는 안 되는 마음은 무엇입니까? (신 15:10)

아끼려고 하는 마음

아끼는 마음으로 하지 말라는 것은 관대한 마음으로 주어야 한다는 것을 뜻한다. 가난한 사람에게 빌려줄 때에는 관대한 마음으로 빌려주어야 했다. 여기서 관대한 마음으로 꾸어 주어야 하는 이유가 무엇인지 주목할 필요가 있다. 하나님은 가난한 사람을 관대하게 대한 그들이 하는 일에 복을 주시겠다고 약속하셨다. 그들이 손대는 모든 것이 복을 받을 것이다. 그들의 모든 활동들이 복을 받을 것이다. 하나님이 그들을 반드시 번영케 하실 것이다. 이것은 우리가 구제를 해야 하는 이유에 대해 가르쳐 준다. 구제할 때 우리는 구제를 받는 사람에게 무엇인가를 기대해서는 안 된다. 만일 그들이 보답한다면 그들 역시 하나님께 복을 받을 것이지만 그들이 보답하지 않는다고 해도 하나님께서 우리의 구제를 잊지 않으시고 복을 주실 것이기 때문이다.

이스라엘 백성들은 여호와께서 그들에게 주신 땅에서 가난한 자를 없도록 하라는 명령을 받았다. 이것은 매우 중요한 사실이다. 그들이 가난한 자를 돕고 경제적인 공의를 세워야 하는 이유는 그들이 사는 땅이 그들이 노력해서 얻은 땅이 아니라 하나님이 주신 땅이기 때문이다. 따라서 구원받은 사람들은 자신이 누리고 있는 부가 예수 그리스도를 통한 하나님의 구속의 은혜가 없으면 존재할 수 없는 것임을 명심하여 자신의 부를 공평하게 나누어 줄 수 있어야 한다.

5. 면제년에 이르러 노예에게 자유를 줄 때, 노예를 어떻게 대우해야 합니까? (신 15:13-14)

네 양 무리 중에서와 타작마당에서와 포도주 틀에서 그에게 후히 줄지니 곧 네 하나님 여호와께서 네게 복을 주신 대로 그에게 줄지니라

신명기 율법은 자신이 여호와께 받는 만큼 자유인이 될 노예에게 주라고 명령한다. 이스라엘 사회에서 노예가 되는 이유에는 대략 다섯 가지가 있었다. 첫째, 전쟁포로로 끌려온 자. 둘째, 외국에서 팔려온 이방인. 셋째, 부모가 판 연소자. 넷째, 생계유지가 힘들어 스스로 노예가 된 자. 다섯째, 남에게 진 빚을 갚지 못해 노예가 된 채무자 등이다. 오늘 본문에서 특히 관심을 갖고 있는 노예는 경제적인 이유로 노예가 된 네 번째와 다섯 번째의 경우이다.

하나님은 이스라엘 백성 중에서 형편이 어려워 동족의 집에 노예가 된 자에게 특별히 관심을 가지고 그를 배려해 주라고 하셨다. 즉 같은 이스라엘 백성들 사이에서 빚을 갚지 못해 종이 된 자가 있다면 이 사람을 그냥 종으로 부리지 말고 품꾼으로 대하라고 하신 것이다. 뿐만 아니라 종으로 팔린 지 칠 년째가 되면 그 해에 그를 완전히 풀어 주게 하셨다. 이때 주인 된 자는 종을 그냥 풀어주어서는 안 된다. 빈손으로 가게 해서는 안 되는 것이다. 이 사람은 가진 것이 없이 종으로 팔린 자이니 그동안 일한 대가는 물론 삶에 필요한 것들을 넉넉히 주어서 내보내야 했다. 이 땅에서 많은 것을 소유한 그 어느 누구도 자신이 소유한 것을 자기만의 것이라고 할 수 없다. 이 땅 위에 있는 것은 무엇이든지 궁극적으로는 하나님의 소유이다. 하나님의 은혜가 없이는 어느 것 하나 인간의 몫이 될 수 없다. 따라서 해방되는 노예를 빈손으로 보내지 말라는 하나님의 명령은 본래 하나님의 소유인 것들을 공평하게 나누어 가지라는 뜻으로 이해할 수 있다. 이렇듯 하나님의 뜻은 어느 한 개인만 잘 살도록 하는 것이 아니라 모든 인간이 고루 잘 사는 것이다.

아래의 이야기를 읽고 주어진 질문에 답해 봅시다.

빅토르 위고(Victor Hugo)의 소설 장발장(레 미제라블) 이야기를 아십니까?

주인공 장발장이 배가 고파 빵 가게에 있는 빵 한 덩어리를 갖고 도망치다가 경찰에 잡혀 징역 5년을 선고받았습니다. 이 후 감옥에서 탈출하다가 붙잡혀 19년을 감옥에서 살게 되었습니다. 감옥에서 나온 후 장발장은 취직을 하려고 했지만, 전과자인 장발장을 받아주는 사람은 아무도 없었습니다.

어느 날, 그는 잠잘 만한 곳을 찾다가 평소 사람을 잘 도와주는 것으로 소문이 난 미리엘 신부님의 집에 찾아가 하룻밤을 부탁하게 되었습니다. 장발장은 자신이 전과자인 사실을 밝혔지만 신부님은 그를 반갑게 맞이해 주었습니다. 신부님의 식탁에는 은그릇 위에 놓인 음식들이 있었습니다. 그날 밤, 장발장은 은촛대와 은그릇이 생각이 났습니다. 그것들을 훔쳐다가 팔면 자신이 19년 동안 감옥에서 일한 것 보다 많은 돈을 받을 수 있을 것 같았습니다. 욕심이 생겼습니다. 그는 은그릇을 훔쳐 도망갔습니다. 그러나 곧 경찰에 체포되었습니다. 경찰에 이끌려 신부님 앞에 서게 된 장발장은 너무도 부끄럽고 두려웠습니다. 그런데 신부님이 경찰에게 그것들은 자신이 준 선물이라며 변명을 해 주었습니다. 오히려 다른 것들은 왜 두고 갔느냐고 묻는 것이었습니다. 장발장은 이런 신부님의 숭고한 사랑에 눈물을 흘렸습니다. 그 후 장발장은 새사람이 되었습니다. 그는 이후에 시장이 되어서 어려운 사람들을 돕는 새로운 인생을 살게 됩니다.

얼마 전, 우리나라에 이런 일이 있었습니다.

부모가 어릴 적에 이혼해서 아버지와 생활하던 전 모(27) 씨가 아버지의 잦은 음주와 폭행을 견디다 못해 가출, 혼자 살며 막노동으로 생계를 이어갔습니다.

그러다가 건축공사장에서 허리를 다쳐 일을 할 수 없게 되어 며칠을 굶게 되었습니다. 그는 새벽에 슈퍼마켓 유리창을 깨고 안으로 들어가 먹을 것을 훔치려다 주인에게 잡혔습니다. 죄명은 특수절도미수. 서울남부지검소 모 검사님은 전씨가 자란 환경이나 범행 경위를 감안하여 처벌보다 직업을 찾아주고 정상적으로 사회 생활을 하도록 도와주는 게 낫다고 판단했습니다. 소 모 검사님은 전 모 씨가 숙식을 해결할 수 있도록 일자리 알선을 요청했고, 결국 전씨는 택시회사 직원으로 채용될 수 있는 기회를 갖게 되었습니다.

1. 여러분이 전 모 씨를 재판한 검사였다면 어떻게 했을까요? 서로의 생각을 나누어 보세요.

각자의 생각을 나누어 본다.

"이에는 이 눈에는 눈"이라는 엄격한 법을 적용하고 있는 구약성서도 유독 생계 때문에 어쩔 수 없이 행한 범죄에 대해서는 관대함을 보여주고 있다. 또한 신명기 23장 24-25절은 다음과 같이 전하고 있다. "네 이웃의 포도원에 들어갈 때에는 마음대로 그 포도를 배불리 먹어도 되느니라. 그러나 그릇에 담지는 말 것이요, 네 이웃의 곡식밭에 들어갈 때에는 네가 손으로 그 이삭을 따도 되느니라. 그러나 네 이웃의 곡식밭에 낫을 대지는 말지니라." 하나님은 가난한 자가 포도원에 들어가 먹어도 된다는 법을 정하심으로써 가난한 자를 배려하셨다. 하나님께서는 가난한 자에게 항상 관심을 갖고 계셨다. 이스라엘 백성들이 애굽에서 바로의 압정에 시달리고 있을 때에 하나님께서 그들을 구원하셨듯이, 하나님은 이스라엘 중의 가난한 자들에게 깊은 관심을 갖고 계신다.

2. 친한 친구나 친척에게 돈을 꾸어 주거나 꾸는 등의 금전거래를 통해 어려움을 겪은 적이 있습니까? 그 상황에서 어떤 점이 안타까웠는지 이야기해 봅시다.

각자의 경험에 대해서 본인이 이야기할 수 있는 정도까지만 이야기를 나누어 본다.

신명기 23장 19-20절은 이방인이나 타국인에게는 이자를 받고, 형제에게는 이자를 받지말라고 규정하고 있다. 하나님께서 형제에게는 이자를 받지 못하게 하신 이유는 이스라엘 백성들이 하나님의 사랑을 나누는 사랑의 공동체가 되기를 원하셨기 때문이다. 이스라엘은 사랑의 하나님을 믿는 자로서 단순한 민족 공동체를 넘어 사랑으로 묶여진 사랑의 공동체였기에, 서로에게 꾸어주되, 이자를 받지 않아야 했다. 이는 경제적으로 예속되어 형제끼리 종과 주인이 되는 일이 없도록 하기 위한 것이다. 이스라엘 백성들의 주인은 오로지 하나님 한 분뿐이기 때문에 서로 간에 주종관계가 되는 것을 원치 않으셨던 것이다. 또한 이스라엘 백성들은 모든 삶이 하나님의 은혜임을 고백하는 은혜의 공동체로서 서로에게 은혜를 베풀어야 했다. 따라서 우리 성도들도 이러한 하나님의 규례에 따라 긍휼과 사랑의 삶을 살아야 할 것이다.

이 질문에 대해서는 강요하지 말고 학습자가 대답할 수 있는 정도까지만 진행하면 된다. 인도자는 오늘날의 상황과 성서의 시대의 상황이 다르지만, 성경에서 말씀하시는 원칙을 이야기해 주고 각자의 상황 속에서 생각할 수 있도록 기회를 준다.

3. 여러분은 어떤 마음을 가지고 구제하십니까?

각자의 경험을 나눈 후, 성경이 말씀하시는 것에 대해서 나누자.

신명기는 구제를 물질적 도움에 국한시키지 않고 구제하는 자의 마음가짐도 중요하다고 교훈한다. 궁핍한 자를 멸시하면서 상대적 우월감을 가지고 행하는 구제를 하나님은 결코 원하지 않으신다. 물론 스스로 생활을 해결할 수 있는데도 그렇게 하지 않을 경우에는 그들의 무책임하고 방탕한 생활을 용납해서는 안 된다. 무조건 받아주거나 제멋대로 행하게 내버려 두어서는 안 된다. 게으름과 나태함을 받아주는 것은 그의 무책임한 행동을 길러서 사회의 부패와 타락을 가져올 뿐이다. 누구든지 책임감 있는 인간이 되어야 하며 사회를 건강하게 하기 위하여 그들이 할 수 있는 일을 최선을 다하여 할 의무가 있다. 그런데 많은 노력을 하는데도 불구하고 혼자 힘으로 살아갈 수 없는 사람도 있다. 이런 사람들에 대해 성경이 분명하게 말한다. 그들의 필요를 채워주는 것이 우리의 의무라고 말이다. 만일 그들이 돈을 빌리고서 변제할 능력이 없다면 우리는 기꺼이 그것을 면제해 주어야 한다. 이는 우리가 이미 하나님께 그런 관대함을 받았기 때문이다.

신명기의 명령들을 보면 하나님께서 경제의 주관자라는 사실을 알 수 있다. 하나님은 이스라엘의 광야생활에서 그들을 초자연적인 방법으로 먹이고 입히셨듯, 가나안에서도 이스라엘 백성들의 모든 경제생활을 주관하신다. 하나님은 오늘날 성도들의 모든 경제생활도 책임지고 계신다. 그러므로 우리는 하나님이 우리 경제의 주관자이심을 믿어 가난한 자들을 돌아보시는 하나님의 뜻에 따라 그들의 쓸 것을 채워주는 데에 인색하지 말아야 할 것이다.

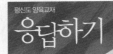
웨슬리의 생활비

아래의 이야기를 읽고 질문에 답해 봅시다.

> 감리교의 창시자 존 웨슬리(John Wesley)는 적은 수입을 가지고 당시의 어떤 사람보다도 많은 금액을 구제 사업에 기부하였습니다. 웨슬리가 처음으로 자신의 수입을 가지고 기부를 하기 시작했을 때, 그는 1년에 300파운드를 벌 수 있었는데, 그 중 280파운드로 생활하고, 나머지 20파운드를 사회기관에 기부하였습니다. 다음 해에 600파운드를 받게 되자, 그는 변함없이 280파운드를 생활비로 쓰고 나머지 320파운드를 구제사업을 위해 기부했습니다. 또 그 다음 해에 가서 900파운드를 받게 되었을 때, 그는 여전히 자신의 생활비로 280파운드를 썼고 나머지 620파운드를 기부하였습니다. 구제사업을 시작한 넷째 해에 그는 1,200파운드 수입 중 280파운드를 생활비로 제한 나머지 금액 820파운드를 기부하였습니다. 웨슬리의 기준에는 자신의 경제 능력과 생활비가 아무런 연관성이 없었습니다. 할 수 있는 한 많이 벌고, 검소하게 생활하며, 할 수 있는 힘껏 남을 위해 돕는 것이 웨슬리의 기준이었습니다. 이 같은 자세로 그는 일생을 다하도록 구제하는 일에 힘을 다했습니다.

(그림 자료)

1. 웨슬리가 위와 같은 삶을 살 수 있었던 이유는 무엇이었을까요?

우리의 재물은 나의 것이 아니라 하나님의 것이다. 그리고 하나님의 재물은 이 땅에서 하나님의 뜻을 이루며 살아가는 데 사용되어야 한다. 하나님의 뜻은 우리가 이웃과 더불어 함께 도우며 사는 것이다. 웨슬리는 이 진리를 알고 있었다. 웨슬리는 자신의 삶을 힘들다거나 고단하다고 여기지 않았을 것이다. 억지로 하는 절약과 구제는 불편함을 주지만, 자신의 뜻에 따른 자발적인 절약과 구제는 기쁨을 안겨 주기 때문이다. 신명기도 나누는 행복을 강조하면서 가난한 사람들에게 손을 펴라고 명령하고 있다. 신명기는 특히 가난한 자에게 손을 펴는 것은 가난한 자에게만 혜택이 있는 것이 아니라, 그 혜택이 베푸는 자에게도 온다는 사실을 분명히 하고 있다.

2. 지금 당장 10,000원으로 주변의 이웃을 도와야 한다면 누구를 어떻게 도울 수 있을까요? 한 주 동안 실천해 봅시다.

동네 양로원이나 어르신들에게 과일이나 과자 등을 사다드릴 수 있다. '기아대책 본부'나 '사회복지 공동모금' 같은 단체에 기부를 할 수 있다. 등

자신의 주변에서 할 수 있는 남을 돕는 일을 생각해 보자. 특별히 작더라도 직접적으로 생계에 도움이 될 수 있는 일을 실천해 보는 것이 더 의미 있다.

> ### 구제를 위한 소득의 십일조를 바쳐 봅시다.
>
> 구약성서에는 두 가지 십일조가 있다. 성전에 바치는 일반 십일조와 빈곤한 이웃과 형제를 돕기 위한 구제를 위한 십일조이다. 성경은 경제적으로 빈곤한 사람들을 돕기 위해 내어 놓은 '구제를 위한 십일조'를, 그것이 곡식이건 돈이건, 성물(聖物)이라고 부르고 있다(신 26:13). 구약성서에서 성물이란 하나님께 바치는 물건을 말한다. 그런데 가난한 사람을 돕는 구제물도 성물이라고 부르고 있는 것이다. 여기에는 깊은 뜻이 있다. 빈궁한 이웃을 돕는 것이 곧 하나님께 드리는 것이라는 뜻이다. 구제를 위해 따로 구별된 십일조를 드릴 수 있도록 기도하고 실천하자.

새길말씀 외우기

네 하나님 여호와께서 네게 주신 땅 어느 성읍에서든지 가난한 형제가 너와 함께 거주하거든 그 가난한 형제에게 네 마음을 완악하게 하지 말며 네 손을 움켜 쥐지 말고 반드시 네 손을 그에게 펴서 그에게 필요한 대로 쓸 것을 넉넉히 꾸어주라 (신 15:7-8)

결단의 기도

거룩하신 하나님, 내가 가진 모든 것이 하나님께로부터 왔다는 것을 깨닫게 하시고, 내 주위에 있는 자들을 돌아보아 물질과 기도로 도울 것을 결심하게 해 주시옵소서. 예수님 이름으로 기도합니다. 아멘.

평가하기

평가항목	세부사항	그렇다	그저 그렇다	아니다
인도자의 준비도	인도자는 본 과의 교육목적을 이룰 수 있도록 충분하게 준비했습니까?			
교육목표의 성취도	학습자들이 구제가 하나님의 명령임을 알고 하나님께 받은 은혜에 대한 보답으로 구제해야 한다는 것을 깨달았습니까?			
학습자의 참여도	학습자들이 진지하고 적극적인 태도로 성경공부에 임했습니까?			
성경공부의 분위기	성경공부를 진행하는 동안의 분위기가 자연스럽고 편안했습니까?			
기타 보완할 점	기타 보완할 점이나 건의사항이 있습니까?			

하나님의 정의를 선택하는 삶

4 평신도 양육교재

교육주제 기독교인으로서 하나님의 정의를 선택하자.

배울말씀 사무엘하 12장 1~17절

도울말씀 사무엘상 17:26, 시편 33:5

새길말씀 오직 정의를 물 같이, 공의를 마르지 않는 강같이 흐르게 할지어다
(암 5:24)

이룰 목표

① 다윗왕의 범죄를 보고 침묵하지 않았던 나단의 용기를 안다.

② 정의의 편에 설 때에 불이익을 감수할 용기가 필요함을 깨닫는다.

③ 불의 앞에서 하나님의 정의를 주장하는 용기 있는 기독교인의 삶을 실천한다.

교육흐름표

20 min	20 min	40 min	40 min
관심	기억	반성	응답

교육진행표

구분	관심갖기	기억하기	반성하기	응답하기
제목	이명직 목사의 양심고백	나단과 다윗의 용기	사울 대 다윗/ 하나냐 대 예레미야	용기의 비결
내용	이명직 목사가 자신의 잘못을 회개한 까닭은 삶의 최후의 심판자가 하나님이심을 믿었기 때문이다.	하나님의 경고를 전한 나단과 자신의 잘못을 정직하게 시인한 다윗 모두 하나님의 정의를 위한 용기 있는 선택을 했다.	사울과 다윗, 하나냐와 예레미야를 비교해보고, 자신은 누구의 뜻에 순종하는 사람인지 돌아본다.	곡예사의 딸의 예화를 읽고, 하나님 아버지를 믿고 하나님의 정의를 선택하며 살기로 결단한다.
방법	예화 읽고 이야기하기	성경 찾아 답하기	성경 찾아 답하기	예화 읽고 결단하기
준비물	다윗과 밧세바, 나단과 다윗, 다윗의 회개 그림 이명직 목사 사진	성경책	성경책	폭포 위 곡예사 사진 정의의 편에 서기 차트
시간	20분	20분	40분	40분

본문은 우리아의 아내 밧세바를 취하여 범죄한 다윗에게 하나님께서 나단 선지자를 보내어 책망하는 장면이다. 특별히 왕이라는 다윗의 신분을 두려워하지 않고 목숨을 걸고 다윗에게 하나님의 징벌을 전했던 나단의 용기가 드러나는 본문이다.

1. 하나님의 말씀을 대언한 나단 선지자의 용기 (삼하 12:1-6)

하나님께서는 범죄한 다윗과 밧세바 사이(그림 자료)에서 아기가 태어나자, 다윗에게 나단을 보내셨다. 이것은 이미 다윗이 범죄한지 10개월이 지났음을 의미한다. 오랜 세월이 흘러서 다윗은 자신의 범죄를 잊고 살았을지도 모른다. 그러나 하나님은 이를 기억하셔서 나단으로 하여금 그의 죄를 지적하게 하셨다. 우리는 죄를 짓고도 하나님께로부터 피할 수 있다고 생각해서는 안 된다.

나단(그림 자료)이란 이름의 뜻은 '양심', 혹은 '주는 자'이다. 나단 선지자는 다윗과 솔로몬 왕 때에 궁정의 예언자로서 고문 역할을 담당하였다. 그는 바른 말로 시대에 경종을 울린 선지자로 유명하다. 나단 선지자는 다윗 왕에게 하나님의 뜻을 증거해서 다윗 왕이 바른 길을 가도록 인도했다. 왕정 제도가 시작되면서부터 이스라엘의 역사에는 왕과 더불어 많은 선지자들이 등장한다. 나단은 하나님께 소명 받은 선지자로서 다윗 왕의 통치 초기에서부터 그의 아들 솔로몬의 통치 초기에 이르기까지 하나님의 뜻을 전한 궁궐의 선지자였다. 나단 선지자는 다윗이 하나님의 종으로서 하나님을 섬기고 이스라엘 백성들을 잘 섬기도록 가르치고 훈계하였다.

특히 나단은 범죄한 다윗에게 하나님의 징계의 말씀을 담대히 선포한 용기 있는 사람이었다. 그는 다윗이 오랜 시간이 지나서 자신의 범죄를 인식하지 못하고 있을 때, 부자가 가난한 자의 새끼 암양을 불의하게 취하였다는 비유를 통해, 우리아의 아내를 빼앗은 다윗의 죄를 책망하였다. 이런 나단의 책망이 무감각해져 있던 다윗의 양심을 찔렀고 하나님을 떠난 생활에 종지부를 찍게 하였다. 나단은 자신의 사사로운 감정으로 다윗을 질책한 것이 아니라 살아 있는 하나님의 말씀을 가지고 경책하였다. 나단은 사무엘하 12장 1~4절의 비유를 통해 다윗으로 하여금 자신의 입으로 "이 일을 행한 사람은 마땅히 죽을 자라."는 선언을 유도하였다.

2. 나단의 용기 있는 지적 (삼하 12:7~12)

이때 나단이 다윗 왕을 향하여 "당신이 그 사람이라."라고 대답한 후, "칼이 네 집에 영영히 떠나지 않고 다윗의 처들이 백주 대낮에 윤간당할 것이라."라고 예언했다(삼하 12:1~15). 나단의 용기 있는 선포를 통해, 다윗이 회개하여 다시 하나님이 귀하게 쓰시는 왕으로 돌아올 수 있었다.

3. 잘못을 시인하는 다윗의 용기(그림 자료) (삼하 12:13~15)

여기서 우리는 또 하나의 용기를 찾을 수 있다. 바로 왕의 신분이었음에도 불구하고 나단의 지적을 듣고 곧바로 자신의 범죄를 시인한 다윗의 용기이다. 그의 고백은 단순하지만 정직하고 총체적인 것이었다. 특히 다윗이 하나님께 회개했다는 사실에 주목해야 한다. 그는 인간들에게 행한 자신의 불의한 행위가 바로 자신과 하나님과의 관계를 깨뜨렸다는 사실을 깨달았다. 이러한 다윗의 진실된 회개로 말미암아 하나님의 용서를 선언할 수 있었다. 그러나 다윗은 자신의 범죄에 대해 하나님의 공의로우신 징계를 받은 후에 근본적인 용서를 받을 수 있었다.

용어, 지명 해설

· 떠나지 아니하리라 (로 타슈르) : "길을 잘못 들다, 떠나다"라는 의미를 가진 '쑤르'가 기
본형으로, 길을 돌이키는 행위와 떠나는 행위의 부정형으로 많이 표현되었다. 히브리어
동사 '쑤르'는 영적인 의미로는 하나님께서 백성에게 마음을 돌이키시는 것을 나타내는데,
이 때에는 죄를 지은 인간과 하나님의 징벌이 등장한다. 본문에서는 다윗에게 내려진 하나
님의 저주를 나타내는 것으로, 하나님께서 전에 다윗의 집안에 복을 주신 것과는 달리, 이
후에 그의 집안에 다툼과 분쟁, 살인, 왕위 쟁탈전 등이 계속 이어질 것을 예언하고 있다.

평신도 양육교재
관심갖기

이명직 목사의 양심고백

다음 기사를 읽고 주어진 질문에 답해 봅시다.

불의로 밭을 갈고 죄로 씨 뿌렸으니 무슨 좋은 결과가 있으랴? 나는 5년
전 겨울에 충남지방교회에 청함을 입어 갈 때 어느 여전도자와 동반하게 되
었다. 그는 나에게 교수를 받던 자매라 그의 사정을 잘 아는고로 동정(同情)
하여 준 일도 있었다. 그러나 사제의 분의(分義)를 지키어 감히 예의에 어긋
난 일은 없었는데 이번에 근 1개월이나 동반여행 하는 중 동정(同情)은 육정
(肉情)으로 변하여 자유하면서 아주 예의에 벗어나 남녀의 분의를 떠나 남자
끼리 교제하는 것이나 다름 없이 다른 사람의 이목도 꺼리지 않고 부덕됨도
불구하고 행동하는 중, 보는 사람의 의심거리를 일으키게 되었다.

그러나 나는 그때에 그렇게 하면 부덕될 줄도 알고 불명예가 될 줄도 알았
지만 염려하면서 눈 뜨고 우물에 빠지는 사람처럼 행하였다. 그러나 최후 순
간의 행동에 빠지지 아니한 것을 차라리 하나님의 보호인 줄로 믿고 감사한
다. 그때에 어느 형제가 대면하여 충고하여 주었다. 그때에 나는 새 정신이
나게 되었다. 감사함으로 받았다.

나의 심리와 추악한 것은, 내가 물론 자백하거니와, (실제로 일어난) 일은
없었다. 그러나 마태복음 5장 28절을 보면 무형(無形)한 심리나 현저한 사

> 실이 무슨 차등이 있으며 경중(輕重)이 있으랴.
>
> 이명직 외. 『성결체험기 그 순간』중에서

1. 이명직 목사(그림 자료)가 어떤 형제로부터 자신의 옳지 못한 행동에 대해 충고를 들었을 때 어떻게 반응하였나요? 그렇게 반응할 수 있었던 비결은 무엇이었을까요?

   형제의 충고를 감사함으로 받았다. 목회자로서 성도들에게 덕스럽지 못한 행동을 했던 것과 자신의 심리의 추악함을 모두 인정하고 회개하였다.
   자신의 삶의 심판주 되시는 하나님을 경외하는 믿음이 있었기 때문이다. 이 땅에서의 사람들 앞에서 잠깐 체면을 세우고 인정받는 것보다 하나님의 평가가 더 중요하다고 믿었기 때문일 것이다.

기억하기

평신도 양육교재

나단과 다윗의 용기

1. 다윗은 자신의 부하 우리아의 아내 밧세바를 범한 후, 자신의 죄를 덮기 위해 우리아를 계획적으로 죽였습니다. 다윗의 명백한 범죄에 대해 나단은 어떻게 하고 있습니까? (삼하 12:1-7)

   하나님의 뜻에 따라 그 말씀에 의지해 담대히 다윗의 범죄를 지적하고 그에게 징벌을 선포하고 있다.

다윗이 밧세바와 간음죄를 범하고 그 범죄를 은폐하기 위해 우리아를 살인하는 죄를 저지른지 약 10개월이 지난 후, 나단이 하나님의 뜻에 따라 다윗의 범죄에 대해 징벌을 선포한다. 그가 감히 왕의 범죄를 지적하고 다윗과 그의 집안에 하나님의 징벌을 선포할 수 있었던 이유는 바로 하나님의 말씀에 대한 확신이 있었기 때문이다. 선지자는 하나님의 말씀을 받아 백성들에게 전하는 대언자이다. 그러므로 선지자는 하나님께서 말씀하시고 지시하신 내용을 가감하지 않고 그대로 전해야 할 의무가 있다. 그러나 징벌의 말씀을 전할 대상자가 왕이었기에 나단은 하나님의 말씀을 선포하는 데 적지 않은 용기가 필요했을 것이다. 다윗은 이스라엘의 영토를 확장시키고 위대한 치적을 쌓은 왕이었기에 일개 선지자가 그의 잘못을 꾸짖는다는 것은 매우 위험한 일이었다. 그러나 나단은 절대 권력 앞에서 굴복하지 않고 담대하게 하나님의 뜻을 전하였다.

2. 나단이 담대하게 선포한 하나님의 징벌의 내용은 무엇입니까? (삼하 12:10–11)

칼이 다윗의 집에서 떠나지 않을 것이고 다윗의 아내들이 백주 대낮에 온 백성들 앞에서 윤간을 당할 것이다.

하나님은 다윗에게 모든 것을 주실 만큼 그를 사랑하셨다. 그러나 그를 사랑하는 만큼 그의 범죄에 대한 하나님의 징계도 확실하고 무거웠다. 이를 통해 우리는 하나님의 큰 사랑만큼 사람들을 자신의 사랑으로부터 멀어지게 하는 죄를 미워하시는 하나님의 공의도 크다는 사실을 명심해야 한다. 하나님은 당신이 아끼는 사람일수록 그의 범죄에 대해 더 철저하게 회개시키고 더 철저하게 그 값을 치르게 하신다. 이것은 하나님이 가장 사랑하시는 왕인 다윗에게 그대로 나타났다.

3. 다윗은 나단의 지적에 대해 또 다른 모습의 용기 있는 반응을 보입니다. 다윗이 보인 반응은 무엇입니까? (삼하 12:13)

자신의 범죄를 시인하고 회개했다.

여기서 우리는 자신의 잘못을 인정한 후 정의의 편으로 돌아오는 다윗의 용기를 볼 수 있다. 왕의 신분으로서 나단을 처형할 수도 있었지만 그는 그런 권력보다 하나님의 말씀이 더욱 중하다는 것을 인정하고 그 앞에서 무릎 꿇고 있다. 정의의 편에 서서 잘못을 지적하는 것도 큰 용기가 필요한 일이지만 자신의 잘못을 지적 받은 다음 이를 인정하고 다시 정의의 편으로 돌아오는 것도 또 하나의 큰 용기이다.

사울 대 다윗 / 하나냐 대 예레미야

1. 사무엘상 17장에서 골리앗에 대한 사울과 다윗의 태도의 차이는 무엇이고, 이런 차이가 생긴 이유는 무엇일까요?

사울 (삼상 17 : 8-11)
8 그가 서서 이스라엘 군대를 향하여 외쳐 이르되 너희가 어찌하여 나와서 전열을 벌였느냐 나는 블레셋 사람이 아니며 너희는 사울의 신복이 아니냐 너희는 한 사람을 택하여 내게로 내려보내라 9 그가 나와 싸워서 나를 죽이면 우리가 너희의 종이 되겠고 만일 내가 이겨 그를 죽이면 너희가 우리의 종이 되어 우리를 섬길 것이니라 10 그 블레셋 사람이 또 이르되 내가 오늘 이스라엘의 군대를 모욕하였으니 사람을 보내어 나와 더불어 싸우게 하라 한지라 11 사울과 온 이스라엘이 블레셋 사람의 이 말을 듣고 놀라 크게 두려워하니라

다윗 (삼상 17 : 34-37 : 45)
34 다윗이 사울에게 말하되 주의 종이 아버지의 양을 지킬 때에 사자나 곰이 와서 양떼에서 새끼를 물어가면
35 내가 따라가서 그것을 치고 그 입에서 새끼를 건져내었고 그것이 일어나 나를 해하고자 하면 내가 그 수염을 잡고 그것을 쳐죽였나이다
36 주의 종이 사자와 곰도 쳤은즉 살아 계시는 하나님의 군대를 모욕한 이 할례 받지 않은 블레셋 사람이리이까 그가 그 짐승의 하나와 같이 되리이다
37 또 다윗이 이르되 여호와께서 나를 사자의 발톱과 곰의 발톱에서 건져내셨은즉 나를 이 블레셋 사람의 손에서도 건져내시리이다 사울이 다윗에게 이르되 가라 여호와께서 너와 함께 계시기를 원하노라
45 다윗이 블레셋 사람에게 이르되 너는 칼과 창과 단창으로 내게 나아 오거니와 나는 만군의 여호와의 이름 곧 네가 모욕하는 이스라엘 군대의 하나님의 이름으로 네게 나아가노라

하나님의 행위와 말씀에 대한 믿음의 차이이다.

겉모습으로 보아서는 상대적으로 좋은 신체 조건을 가진 사울이 골리앗과 맞서 싸워야 했지만, 그는 골리앗의 겉모습을 보고 떨고 있었다. 그러나 양치기 소년 다윗은 골리앗의 겉모습을 보지 않았다. 단지 그는 골리앗이 만군의 하나님을 모욕하는 것을 참을 수가 없었다. 따라서 골리앗을 죽일 수 있었던 다윗의 용기는 그가 겉모습을 두려워하지 않고 하나님의 도우심과 말씀에 대한 확신에서 기인한 것으로 볼 수 있다. 하나님의 말씀을 확실하게 믿는 믿음이 있어야 이 세상을 용기있게 살아갈 수 있다.

2. 다음은 거짓 선지자 하나냐와 참 선지자 예레미야가 유다의 멸망에 대해 선포
한 내용입니다. 하나냐와 예레미야의 예언 내용이 다른 이유는 무엇일까요?

하나냐 (렘 28 : 1-4)

1 그 해 곧 유다 왕 시드기야가 다스리기 시작한 지 사 년 다섯째 달 기브온앗술의 아들
선지자 하나냐가 여호와의 성전에서 제사장들과 모든 백성이 보는 앞에서 내게 말하
여 이르되
2 만군의 여호와 이스라엘의 하나님이 이같이 일러 말씀하시기를 내가 바벨론의 왕의
멍에를 꺾었느니라
3 내가 바벨론의 왕 느부갓네살이 이곳에서 빼앗아 바벨론으로 옮겨 간 여호와의 성전
모든 기구를 이 년 안에 다시 이곳으로 되돌려 오리라
4 내가 또 유다의 왕 여호야김의 아들 여고니야와 바벨론으로 간 유다 모든 포로를 다
시 이곳으로 돌아오게 하리니 이는 내가 바벨론의 왕의 멍에를 꺾을 것임이라 여호와
의 말씀이니라 하시니라

예레미야 (렘 28 : 12-17)

12 선지자 하나냐가 선지자 예레미야의 목에서 멍에를 꺾어 버린 후에 여호와의 말씀
이 예레미야에게 임하니라 이르시기를
13 너는 가서 하나냐에게 말하여 이르기를 여호와의 말씀에 네가 나무 멍에들을 꺾었
으나 그 대신 쇠 멍에들을 만들었느니라
14 만군의 여호와 이스라엘의 하나님께서 이와 같이 말씀하시니라 내가 쇠 멍에로 이
모든 나라의 목에 메워 바벨론의 왕 느부갓네살을 섬기게 하였으니 그들이 그를 섬
기리라 내가 들짐승도 그에게 주었느니라 하라
15 선지자 예레미야가 선지자 하나냐에게 이르되 하나냐여 들으라 여호와께서 너를 보
내지 아니하셨거늘 네가 이 백성에게 거짓을 믿게 하는도다
16 그러므로 여호와께서 이와 같이 말씀하시되 내가 너를 지면에서 제하리니 네가 여
호와께 패역한 말을 하였음이라 네가 금년에 죽으리라 하셨느니라 하더니
17 선지자 하나냐가 그 해 일곱째 달에 죽었더라

하나냐는 하나님의 뜻과 상관없이 사람들이 듣기 좋은 말만 하였지만, 예레미야는 자신이 바라는 것과 사람들이 듣고 싶어하는 말보다 하나님께서 말씀하시고자 하는 바를 그대로 전달하였다. 자신의 바람과 다른 이야기를 하는 것도 커다란 고통이요, 사람들의 뜻에 반하는 말을 하는 것도 큰 부담이지만, 그런 것보다 하나님의 뜻이 사람들에게 올바로 전해지는 것이 더 중요했으며, 그것이 선지자의 임무이다.

선지서의 전반을 살펴보면 참 선지자와 거짓 선지자가 항상 대립되어 있다. 거짓 예언자도 하나님의 참 선지자가 사용한 것과 똑같은 메시지의 형태를 사용함으로써 이스라엘 백성들을 미혹시켰다. 그럼에도 불구하고 참 선지자와 거짓 선지자를 구분할 수 있는 중요한 기준은 그들이 '하나님의 말씀을 전하는가, 아니면 사람이 듣기 좋아하는 말을 선포하는가?'였다. 여호야긴이 바벨론의 포로로 잡혀간 상황에서 유다 백성들은 한결같이 여호야긴이 하루빨리 예루살렘으로 돌아와서 유다 왕국을 회복하기를 원했다. 그러나 이미 하나님께서는 바벨론을 통해 70년 동안 범죄한 이스라엘을 징벌하시기로 결정하셨다. 이런 상황 속에서 거짓 선지자였던 하나냐는 사람들이 듣기 원하는 말을 선포하였고 예레미야는 비록 사람들이 듣기를 원하지 않음에도 불구하고 하나님의 말씀을 선포하였다. 하나님의 말씀에 대한 확신에서 비롯된 예레미야의 용기 있는 행동을 볼 수 있다.

3. 나는 사람을 두려워하는 사람입니까, 하나님을 두려워하는 사람입니까? 나는 사람들이 듣기 좋아하는 말을 하는 사람입니까, 하나님이 원하시는 말을 하는 사람입니까?

각자의 이야기를 들어본다.

하나님은 세상보다 하나님을 경외하는 믿음을 지닌 사람을 원하신다. 또한 하나님은 세상의 달콤하고 현학적인 말로 사람들이 듣기 좋아하는 말을 하는 자보다 하나님의 사랑과 하나님의 뜻을 전하는 용기 있는 기독교인을 원하신다.

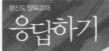

응답하기
용기의 비결

다음의 이야기를 읽고 질문에 답해 봅시다.

(사진 자료)

어떤 곡예사가 폭포 위에다가 밧줄을 매어 놓고는 이쪽에서 저쪽 편으로 건너가 보이겠다고 말했다. 많은 군중이 그의 대담성에 박수갈채를 보내면서도 '설마' 했다. 그런데 그가 직접 건너가는 것을 보고나자 믿게 되었다. 곡예사가 이번엔 바퀴 달린 손수레를 가지고 밧줄을 타 보였다. 군중들의 환호가 열광적이었다. 그러자 곡예사가 군중들에게 외쳤다.

"자, 지원자를 뽑겠습니다. 누가 이 수레에 타보겠습니까?" 그러자 박수를 보내며 열광하던 사람들이 주춤주춤 물러설 뿐 선뜻 나서는 사람이 없었다. 한순간 주위가 조용해졌다. 바로 이때 "제가 수레에 타겠어요!" 하고 나선 한 소녀가 있었다. 소녀는 무사히 폭포를 건넜다.

믿음! 곡예사에 대한 소녀의 믿음이 그녀를 용감하게 하였다.

곡예사는 바로 그 소녀의 아버지였던 것이다.

1. 위험 속에서도 곡예사의 수레를 탈 수 있었던 소녀의 용기는 어디에서부터 나왔을까요?

아버지에 대한 믿음

누군가의 말씀을 용기 있게 따르는 것은 그 사람을 믿는다는 증거이다. 이처럼 하나님을 믿는다고 매일같이 고백하고 다짐하는 사람들의 모습 뒤에는 하나님의 말씀을 따르는 용기가 수반되어야 한다. 한편 이 세상에는 하나님의 말씀을 담대히 전했던 용기 외에 또 하나의 용기가 있다. 그것은 바로 회개하는 용기이다. 그리스도인들이 가져야 할 진정한 용기는 바로 잘못을 인정하는 용기이다. 하나님이 나단을 통해 다윗을 징계한 이유는 징계 자체에 목적이 있다기 보다는 다윗을 회개케 하는 데 목적이 있었다.

2. 하나님께서 공의로우시다고 믿으십니까? 일상 속에서, 그리고 하나님과 세상의 사람 앞에서 비겁했던 모습은 어떤 것이었습니까? 일상 생활 속에서 정의를 실천할 수 있는 구체적인 방법들을 적어 봅시다.

	정의의 편에 서기
가정에서	1. 비록 많지는 않지만 정직하게 돈을 버는 부모의 모습을 자녀들에게 보여주겠다. 2. 부동산 투기를 하지 않겠다. 3. 세금을 올바로 신고하겠다.
사회(직장)에서	1. 뇌물이나 촌지를 주지도 않고 받지도 않겠다. 2. 집단 이기주의적 행동(가격 담합, 불법적 파업)에 참여하지 않겠다. 3. 내가 기독교인임을 떳떳이 밝히겠다.

(차트 자료)

각자의 경험을 듣고, 일상 생활에서 실천할 수 있는 내용들에 대해서 이야기를 나누도록 한다.

불의 앞에 용감하지 못한 것만 정의롭지 못한 것이 아니다. 불의 앞에 무관심하고 방관하는 것도 정의롭지 못한 행동이다. 지금까지 일상의 불의나 부당함 앞에 무관심하지는 않았는지 함께 고민해 보자. 한편, 하나님의 가장 큰 징벌 역시 무관심일 수 있다. 따라서 자신이 범죄하고 있을 때 아무런 징벌이 오지 않는 것을 하나님의 사랑의 징표로 오해해서는 안 될 것이다. 오히려 자신의 잘못에 대해 곧바로 하나님의 지적이 내려오는 것이 그분의 사랑과 관심의 증거임을 알아야 할 것이다. 나는 과연 내 잘못을 하나님 앞에서 바로 인정하고 회개할 용기가 있는지 반성해 보자.

새길말씀 외우기

오직 정의를 물 같이, 공의를 마르지 않는 강같이 흐르게 할지어다
(암 5:24)

결단의 기도

사랑과 긍휼이 풍성하신 하나님, 주님을 믿는다고 하면서도 하나님의 말씀 위에 서는 용기있는 자가 아니었던 저를 용서하여 주옵소서. 이제부터는 진정한 용기를 가진 자가 되길 소원합니다. 예수님의 이름으로 기도합니다. 아멘.

평가항목	세부사항	그렇다	그저 그렇다	아니다
인도자의 준비도	인도자는 본 과의 교육목적을 이루기 위해 충분히 준비했습니까?			
교육목표의 성취도	1. 학습자들이 하나님의 말씀 위에 서서 세상에 당당하게 나설 수 있는 용기를 가졌습니까? 2. 학습자들이 사람이 듣고 싶어하는 말보다 하나님께서 말씀하시고자 하는 말을 전할 용기를 가졌습니까? 3. 학습자들이 나의 잘못을 기꺼이 회개할 수 있는 용기를 가졌습니까?			
학습자의 참여도	학습자들이 진지하고 적극적인 태도로 성경공부에 임했습니까?			
성경공부의 분위기	성경공부를 하는 동안 학습자가 편안한 분위기를 느낄 수 있었습니까?			
기타 보완할 점	기타 보완할 점이나 건의사항이 있습니까?			

하나님의 나라를 소망하는 삶

교육주제 하나님의 나라를 소망하는 삶을 살자.

배울말씀 여호수아 1장 1-9절

도울말씀 민 14:24

새길말씀 오직 강하고 극히 담대하여 나의 종 모세가 네게 명령한 그 율법을 다 지켜
행하고 우로나 좌로나 치우치지 말라 그리하면 어디로 가든지 형통하리니
(수 1:7)

이룰 목표

① 자신에게 다가올 죽음을 상기하고 이전까지의 삶을 돌아본다.

② 하나님의 말씀에 순종함으로써 하나님과 동행하기로 결단한다.

③ 남겨진 시간 동안 하나님의 나라를 위한 삶을 살기를 소망한다.

교육흐름표

30 min	30 min	30 min	30 min
관심	기억	반성	응답

교육진행표

구분	관심갖기	기억하기	반성하기	응답하기
제목	양화진의 묘비명	하나님과의 동행	바울의 회고록	웨슬리의 구인 백명
내용	양화진의 선교사들의 묘비명을 읽고, 자신의 삶을 평가해본다.	하나님은 여호수아가 약속의 땅에서 하나님과 동행하기 위해 율법을 묵상하고 지켜 행할 것을 명령하셨다.	자신의 평생의 삶을 회고하며 믿음을 지키기 위해 선한 싸움을 싸웠다고 고백한 바울의 회고록을 읽고 자신의 삶을 평가해본다.	자신의 미래의 묘비명을 써보고, 남은 삶을 결단한다.
방법	예화 읽고 이야기하기	성경 찾아 답하기	성경 찾아 답하기	예화 읽고 결단하기
준비물	양화진 켄드릭 선교사 사진	성경책	성경책	
시간	30분	30분	30분	30분

말씀 이해

　여호수아서는 모세의 뒤를 이은 지도자 여호수아를 중심으로 쓰여진 책이다. 이 책은 이스라엘 백성이 가나안을 정복하고 그 땅에 정착하기까지의 과정을 그린 역사서로, '출애굽'이라는 큰 주제 아래에서 진행되어 오던 하나님의 역사가 이제는 '가나안 땅의 정복'이라는 새로운 단계로 접어들고 있음을 알려주는 책이다.

　이스라엘 백성이 가나안을 차지한다는 것은 아브라함이 받은 약속이다(창 12, 15장). 따라서 여호수아서는 하나님께서 아브라함과 맺으신 약속을 성취하시는 책이라고도 할 수 있다. 또한 가나안을 정복하고 정착한 이스라엘 백성이 그동안의 노예와 유목 생활에서 벗어나 농경이 바탕이 된 정착생활을 시작하게 되었으므로, 새로운 시작의 책이라고도 할 수 있다. 그러므로 여호수아서는 한마디로 하나의 국가로 기틀을 잡기 이전의 이스라엘 역사와 그 이후의 역사를 이어 주는 교량 역할을 하는 책인 셈이다.

1. 모세의 죽음과 여호수아의 소명 (수 1:1-4)

　이러한 중요한 전환은 출애굽을 인도했던 모세의 죽음으로 시작된다. 출애굽의 역사를 생각해 볼 때, 모세라는 지도자의 위치가 매우 중요했다. 따라서 그런 지도자의 죽음이 이스라엘의 큰 위기였다는 사실은 틀림이 없다. 이런 시기에 하나님께서 여호수아를 택하셔서 모세의 뒤를 이를 것을 명령하신다. 하나님께서는 이전에 모세에게 하셨던 것처럼(출 3:1-12) 여호수아에게도 함께 하실 것을 약속하시면서 용기를 북돋우신다. 그리고 가나안 정복이라는 대업을 앞둔 여호수아에게 지도자로서 지켜야 할 태도에 대해 권면의 말씀을 들려주신다.

2. 강하고 담대하라 내가 너와 함께하리라 (수 1:5-6)

　우선 위대한 지도자였던 모세가 죽은 후 슬픔에 잠겨있던 여호수아와 이스라엘 백성들에게 하나님께서 요단을 건너 당신이 약속한 땅에 들어가라고 명령하신다. 하나님은 이 명령과 함께 그들이 분명히 가나안 땅을 차지할 것이요 언제나 당신이 그들과 함께할 것이니 여호수아에게 강하고 담대하라고 격려하신다.

3. 율법을 지켜 행하라 (수 1:7–9)

하나님께서 여호수아에게 이르시기를 모세에게 주신 하나님의 율법을 명심하고 지키면 당신께서 모든 길을 형통케 하실 것이라고 말씀하신다. 이 말씀은 단지 여호수아와 이스라엘 백성에게만 국한되는 말씀이 아니다. 신앙인이라면 누구나 지녀야 할 믿음의 자세인 것이다. 그 자세는 첫째, 마음을 강하게 하고 담대히 하라는 것이다(수 1:6, 9). 이것은 사단과의 영적 전투를 해야 하는 성도들에게 더욱 요청되는 필수적인 마음가짐이다. 둘째, 하나님의 말씀을 소중히 여기고 그것을 다 지켜 행해야 한다는 것이다(수 1:7, 8). 하나님의 말씀은 영적 전투에 있어서 최우선적으로 요구되는 가장 중요한 무기이다. 그런즉 성도들은 하나님의 말씀을 생명과 같이 여겨 항상 말씀으로 무장하고 있어야 한다(엡 6:17).

결론적으로 하나님께서 여호수아를 새 지도자로 세우시면서 주신 위의 말씀들은 결국 하나님의 나라를 소망하며 살아가는 우리 모든 기독교인들에게 동일하게 해당되는 말씀이다. 기독교인들이 소망하는 하나님의 나라는 이 명령들을 제대로 잘 준행하느냐의 여부에 달린 것이다. 따라서 본문에서 여호수아에게 주신 명령들은 오늘날 모든 기독교인들이 자신의 삶의 궁극적 원리로 붙들어야할 말씀이라고 할 수 있다.

이번 과를 통하여 기독교인으로서 어려움과 큰 과제 앞에서도 하나님의 뜻이 이루어지는 하나님의 나라를 이루어가기 위해 믿음을 가지고 전진하는 삶을 결단하도록 해야 한다.

양화진의 묘비명

다음의 이야기를 읽고 질문에 답해 봅시다.

> 양화진 외국인 선교사 묘원(서울시 마포구 합정동)에 가면 우리나라에 복음을 전하러 오셨다가 순교하신 선교사님들의 묘와 묘비명들을 만나볼 수 있다. 아래는 수많은 묘비명 중 일부를 소개한 것이다.
>
> · "하나님의 아들이 나를 사랑하시고, 나를 위하여 자신을 주셨다."
>   (J. W. 헤론)
> · "나는 웨스트민스터 사원에 묻히기보다 한국에 묻히기를 원하노라."
>   (H. B. 헐버트)
> · "섬김을 받으러 온 것이 아니라 섬기러 왔습니다."
>   (A. R.아펜젤러)
> · "친구를 위하여 자기 목숨을 버리면 이에서 더 큰 사랑이 없느니라."
>   (A.K.젠센)
> · "나에게 천 개의 생명이 주어진다 해도 그 모두를 한국에 바치리라."
>   (R.R.켄드릭)
>
> (사진 자료)
>
>
> 〈켄드릭 선교사 묘비와 묘지〉
>
>
> 〈켄드릭 선교사 묘비 본탁〉
>
> (http://www.yanghwajin.net 자료 참조)

1. 선교사님들의 묘비명을 통해서 알 수 있는 선교사님들의 삶의 소망은 무엇이 었을까요?

예수님께서 자신들을 위해 생명을 주셨듯이 예수님의 사랑을 전하기 위해 전 생애를 헌신하는 것
자신의 모든 것을 바쳐서 대한민국의 사람들에게 예수님을 전하는 것
이 땅에 사는 동안 예수님처럼 대한민국의 영혼들을 섬기는 것

양화진에는 한국인보다도 더 한국을 사랑해서 한국을 위하여 살고, 한국을 위하여 죽고, 한국을 위해 기도했던 아름다운 사람들이 묻힌 묘지들이 있다. 이들은 젊은 나이에 복음을 전하다가 어떤 이는 풍토병으로, 어떤 이는 과로로 숨진 선교사님들이다. 고국으로 돌아가 자신이 죽으면 자신의 몸을 한국 땅에 묻어달라고 유언한 분들도 있다. 선교사인 남편을 잃고 혼자 선교사로서의 사명을 다하다가 이 땅에 묻힌 분도 있다. 그들은 모두 하나님의 나라를 소망하여 이 땅에서 가장 가치 있는 옳은 뜻, 복음 전하는 것을 위해 자신의 생명을 아끼지 않았던 아름다운 삶을 산 사람들이다.

2. 지금까지 살아온 여러분의 삶을 묘비명에 기록한다면 무엇이라고 기록할 수 있을까요? 한 문장으로 써 봅시다.

자신의 지난 삶을 회고해보며 한 문장으로 묘비명을 써보고 왜 그렇게 썼는지 함께 이야기해 본다.

앞으로의 삶에 대한 소망이 아니라 지금까지 살아온 자신의 수십 년간의 삶을 돌아보며 지금 땅에 묻힌다면 나의 삶은 무엇을 위해 살았다고 평가될 수 있을지 생각해보는 시간이다. 시간을 충분히 주어 자신의 지난 삶을 회고해 보도록 한다. 자신의 삶에 대한 성찰을 통해, '기억하기'에서 살펴볼 하나님의 말씀을, 남겨진 삶의 시간 동안 붙들어야 할 말씀이 되는 기회로 삼도록 한다.

1. 하나님께서 이스라엘 백성에게 약속하신 땅은 무엇입니까? (수 1:3, 4)

이스라엘의 발바닥으로 밟는 곳 모두, 곧 광야와 레바논에서부터 큰 하수 유브라데
에 이르는 헷 족속의 온 땅과 해지는 쪽 대해까지

발바닥으로 밟는 곳이란 보병 위주였던 고대 전쟁에서 이스라엘이 전쟁을 통해 얻
은 이방 땅을 가리킨다. 특히 이 표현은 땅을 주시겠다는 하나님의 약속이 단순히
피상적인 약속이 아니라 실제로 얻어 누리게 하리라는 강력한 약속의 암시가 들
어있는 표현이다. 구체적으로 광야, 레바논, 유브라데, 대해로, 이는 하나님께서
주신 가나안 땅의 구체적인 경계를 뜻한다. 이는 단순히 추상적인 표현이 아니다.
광야는 가나안 땅의 남쪽경계로 네게브 지역과 시내 광야를 가리킨다. 레바논은
팔레스틴의 북쪽 경계로 신명기 11장 24절을 보면, 가나안 땅의 남북경계를 광야
에서 레바논으로 규정하고 있다. 유브라데는 티그리스와 함께 메소포타미아의 대
표적인 강으로 불리는 지금의 이라크 지역의 강으로 흔히 가나안 땅의 동쪽 경계
로 규정된다. 대해는 지금의 지중해로 가나안 땅의 서쪽 경계를 뜻한다.

2. 하나님께서 약속하신 땅에 가기 전에 여호수아에게 약속하신 하나님의 말씀은
   무엇입니까? (수 1:5)

내가 너와 함께할 것이다.
내가 너를 떠나지 않으며 버리지 않을 것이다.

여호와께서는 가나안 땅 정복과정 속에서 여호수아를 떠나지 않겠다고 약속하셨
다(수 1:5). '떠나지 않겠다'의 문자적인 의미는 '떨어뜨리지 아니하겠다.'이다. 그리

고 이런 약속을 받은 여호수아가 해야 할 일을 언급하고 있다. 그 첫 번째는 마음을 강하게 하고 담대히 하는 것이다. 이를 원문에 충실하게 해석해 보면 '강하게 붙잡는 손의 힘과 무릎의 견고함'을 지니라는 뜻으로, 어떤 어려움에도 결코 굴하지 않는 강력한 승리에의 확신과 용맹성을 가지라는 뜻이다. 결국 하나님은 당신께서 함께하시기에 가나안 정복 전쟁이 기필코 승리를 쟁취하게 될 것이지만, 또한 인간들이 감당해야 할 몫이 있음을 강하게 주지시키셨던 것이다.

3. 하나님과 동행하기 위해 여호수아가 순종해야 할 하나님의 부탁은 무엇입니까? (수 1:7, 8)

율법을 다 지켜 행하고 우로나 좌로나 치우치지 말라. 율법책을 네 입에서 떠나지 말게 하며 주야로 묵상하여 지켜 행하라.

'우로나 좌로나 치우치지 않는다(수 1:7)'는 말은 하나님의 말씀을 온전히 준행하는 행위에 대한 전형적인 표현이다. 이는 율법의 정도(正道)에서 벗어나 인간적인 생각을 좇아 행하는 것을 금하는 명령이다. 또한 어느 한쪽에만 치우치는 편협한 사고에서 벗어나라는 경고이기도 하다. "네 입에서 떠나지 말게 하며(수 1:8)"는 단순히 율법 책을 읽으라는 차원을 넘어서 항상 그 말씀을 상고하면서 기억과 생각에서 영원히 지워지지 않도록 계속 읽으라는 뜻이다. 본문은 하나님께서 약속하신 모든 땅을 얻게 되는 데 전제조건으로 율법을 지켜 좌로나 우로나 치우치지 않고 율법책을 입에서 떠나지 않게 해야 함을 밝히고 있다. 말씀을 듣는 것도 힘이 되지만, 진정한 힘은 말씀을 듣고 말씀대로 행할 때 생긴다. 그러므로 삶의 위기의 순간에 가장 필요한 것은 더욱 하나님의 말씀에 귀를 기울이고 말씀대로 살려고 하는 자세이다. 말씀대로 살려고 하고, 하나님께서 하지 말라는 것은 하지 않고 하라는 것은 할 때, 삶의 기적이 시작될 것이다. 예수님도 자신의 뜻을 따르고 복음을 전하는 자와 세상 끝날까지 함께하시겠다고 약속하셨다. (마 28:20, 요 14:16-20)

바울의 회고록

1. 바울은 자신의 죽음을 앞두고 자신의 삶에 대해 무엇이라고 고백하였나요?
   (딤후 4:7-8)

> 나는 선한 싸움을 싸우고 나의 달려갈 길을 마치고 믿음을 지켰으니, 이제 후로는
> 나를 위하여 의의 면류관이 예비되었으므로 주, 곧 의로우신 재판장이 그 날에 내
> 게 주실 것이며 내게만 아니라 주의 나타나심을 사모하는 모든 자에게도니라.

위의 말씀은 바울이 로마감옥에 투옥되어 곧 다가올 자신의 죽음을 앞두고 자신
의 삶을 회고하며 디모데에게 고백한 말씀이다. 그는 복음을 전하며 전도자의 삶
을 사는 중에 수없는 고문과 투옥의 고통 속에서 선한 싸움을 싸웠다고 말한다. 그
리고 땅에서의 삶이 끝나는 순간까지 믿음을 지켰다고 당당하게 말하고 있다. 그
러한 삶의 저변에는 정의의 주인이 되시며 근거가 되시는 하나님의 의의 면류관
이 준비되어 있다는 믿음이 있었음을 고백한다. 또한 그는 이 땅에서의 삶을 심판
하실 분이 의로우신 예수 그리스도이심을 고백한다. 동시에 이 땅에서 복음을 위
해 애매한 고난과 고통을 받고 불의한 대우를 받으며 믿음의 시련을 겪는 기독교
인들에게 하나님께서 준비한 의의 면류관이 있을 것이라고 선포하고 격려한다.

2. 나의 삶을 마치고 나서 의로우신 재판장이신 예수 그리스도께 어떠한 평가를
   받을 것이라고 생각하나요? 왜 그렇게 생각하나요?

각자의 생각을 나눈다.

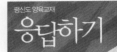

응답하기

웨슬리의 "구인(求人) 백 명"

다음을 읽고 주어진 질문에 답해 봅시다.

> 존 웨슬리(John Wesley)가 이렇게 말했다. "내게 죄 외에는 아무것도 두려워하지 않으며 하나님 외에는 아무것도 바라지 않는 사람 100명만 달라. 그러면 나는 세상을 흔들어 놓을 수 있다. 그들이 목사이든 평신도이든 상관하지 않는다. 그들만 있으면 사탄의 왕국을 무너뜨리고 이 땅에 하나님의 나라를 세울 수 있을 것이다."
>
> The Preacher's Magazine

1. 존 웨슬리가 구하는 사람이 되기 위해 나에게 필요한 것은 무엇인가요?

죄 외에는 아무것도 두려워하지 않는 마음, 하나님 외에는 아무것도 바라지 않는 마음
자신에게 필요한 것을 찾아서 써보도록 하고 같이 이야기 나눈다.

그런 사람이 되기 위해서는 대략 다음과 같은 것들이 필요할 것이다. 우선 하나님에 대한 절대적 신뢰에서 나오는 용기가 필요하다. 이것은 구체적으로 하나님 말씀에 철저하게 순종함으로 나타난다. 하나님 말씀에 순종한다는 것은 말로만 "믿습니다!"라고 하는 것이 아니라, 책임을 지는 삶을 사는 것이다. 우리는 당연히 해야 할 일, 감당할 수 있는 일에 대해 반드시 책임을 져야 한다. 그런데 염려가 많은 사람들은 책임을 지려 하지 않고 염려를 일시적으로 치료해 주는 것들을 찾아다니는 것만 좋아한다. 그러나 이렇게 불의한 해결책을 찾는 것은 미래의 염려와 불안, 두려움만 가중시킬 뿐이다.

정의를 이루고자 하는 기독교인의 용기는 어디서 나오는 것일까? 그것은 우리가 책임 있는 삶을 살기만 하면 하나님께서 반드시 우리를 책임지실 것이라는 확신에서 비롯된다. 책임을 다한 후에 그 나머지는 하나님의 책임이기에 우리가 담대해 질 수 있는 것이다.

가끔 자기의 책임은 지지 않고 오직 하나님만 바라보는 사람이 있다. 당연히 해야할 일조차 하나님께 다 떠넘기고, 자연적인 일은 무시하고, 항상 특별한 일만 바라보고, 순종하려는 신앙은 없고 표적만 구하려는 신앙을 하나님은 결코 기뻐하지 않는다.

내가 할 수 있는 것은 내가 최선을 다해 책임을 지고, 내가 할 수 없는 것은 하나님이 최대한 책임을 져 주는 삶! 이러한 삶을 사는 자에게 능치 못할 무슨 일이 있겠는가? "내게 능력 주시는 자 안에서 내가 모든 것을 할 수 있다."는 말씀은 바로 이런 책임있는 사람을 위해서 예비된 말씀이다.

2. 본인이 바라는 자신의 미래의 묘비명을 한 문장으로 써 봅시다. 그리고 묘비명에 기록된 대로 남은 삶을 살 수 있도록 소망하는 기도를 드립시다.

자신이 살아가고 싶고, 죽은 후에 기억되고 싶은 자신의 삶을 표현하는 묘비명을 써보도록 한다. 그리고 앞의 '관심갖기'에서 자신의 지금까지의 삶에 대해 썼던 묘비명과 비교해 보도록 한다. 학습자들이 돌아가면서 자신의 미래의 묘비명을 소개하도록 하고 서로의 삶을 기대하고 소망하며 함께 손잡고 기도하고 마친다.

새길말씀 외우기

오직 강하고 극히 담대하여 나의 종 모세가 네게 명령한 그 율법을 다 지켜 행하고 우로나 좌로나 치우치지 말라 그리하면 어디로 가든지 형통하리니 (수 1:7)

결단의 기도

거룩하신 하나님, 항상 무엇을 이루고자 하면서도 용기가 없어 주저하고 있는 저의 모습을 용서해 주옵소서. 이제 하나님이 함께하신다는 약속을 믿고 신앙의 모험을 시작하겠사오니 이 삶이 끝날 때까지 제가 흔들리지 않게 함께하여 주시옵소서. 예수님 이름으로 기도합니다. 아멘.

평신도 양육교재
평가하기

평가항목	세부사항	그렇다	그저 그렇다	아니다
인도자의 준비도	인도자는 본 과의 교육목적을 이룰 수 있도록 충분하게 준비했습니까?			
교육목표의 성취도	1. 학습자가 하나님을 믿는 믿음 안에서 용기 있는 삶을 살기로 했습니까? 2. 학습자가 신앙 안에서 우로나 좌로나 치우치지 않는 삶을 살기로 했습니까? 3. 학습자가 항상 말씀을 묵상하며 말씀대로 살고자 하는 자세를 가지고 있습니까?			
학습자의 참여도	학습자들이 진지하고 적극적인 태도로 성경공부에 임했습니까?			
성경공부의 분위기	성경공부를 진행하는 동안의 분위기가 자연스럽고 편안했습니까?			
기타 보완할 점	기타 보완할 점이나 건의사항이 있습니까?			

MEMO

MEMO

MEMO